Organizado por

Rejane Barragán

Mulheres ESCOLHIDAS

O fruto do Espírito

Publicações Pão Diário

Mulheres escolhidas — O fruto do Espírito
Rejane Barragán (organizadora)

Coordenação editorial: Adolfo A. Hickmann
Revisão: Giovana Caetano, Marília P. Lara
Coordenação gráfica e capa: Rebeka Werner
Projeto gráfico: Audrey Novac Ribeiro
Adaptação gráfica: Rebeka Werner
Ilustração da capa: © Shutterstock

Dados Internacionais de Catalogação na Publicação (CIP)

BARRAGÁN, Rejane (Organizadora)
Mulheres escolhidas — O fruto do Espírito
Curitiba/PR, Publicações Pão Diário, 2024.
1. Vida cristã 2. Ministério 3. Devocional 4. Espiritualidade

Publicações Pão Diário
Caixa Postal 9740,
82620-981 Curitiba/PR, Brasil
publicacoes@paodiario.org
www.publicacoespaodiario.com.br
Telefone: (41) 3257-4028

Cód.: DK739 • ISBN: 978-65-5350-741-8

1.ª edição: 2025

Impresso no Brasil

É com profunda admiração que recomendo este devocional coordenado por Rejane, serva dedicada ao Senhor, cuja vida e ministério têm sido usados poderosamente para inspirar e despertar mulheres para serem instrumentos vivos na expansão do Reino de Deus, em todo tempo, em todo lugar.

Rejane tem vivido os milagres do Senhor desde a sua infância e aceitou o desafio do Pai para que o Movimento Mulheres Escolhidas seja uma ferramenta para despertar mulheres para que impactem a atual e as futuras gerações.

Nesta obra abençoada e transformadora, cada uma das autoras nos conduz por uma jornada espiritual fundamentada em Gálatas 5:22-23, revelando com sensibilidade e sabedoria os testemunhos do fruto do Espírito, para que cada leitora frutifique no lugar que o Senhor a colocou.

Cada capítulo é uma semente plantada no coração, regada com graça e verdade, e cuidadosamente cultivada para produzir amor, alegria, paz, paciência, amabilidade, bondade, fidelidade, mansidão e domínio próprio.

Este livro é um convite à transformação, à comunhão e ao florescer daquilo que o Espírito Santo deseja realizar em nós e através de nós.

Com gratidão e convicção, recomendo esta obra a todas as mulheres que desejam viver plenamente o propósito divino em suas vidas para frutificar.

Daniel Gustavo Barragán
Pastor e empresário

Leia esse livro com seu coração aberto ao trabalho do Espírito Santo. Cada devocional foi escrito não como teoria, mas como vivência do texto bíblico e, certamente, abençoará você, ajudando-a na sua caminhada para se tornar alguém que produz o fruto do Espírito.

Roberto e Hedy Silvado
Pastor, discipuladora

Por mais de dez anos tive o privilégio de pastorear e caminhar ao lado da Rejane e do seu amado esposo, Pr. Daniel Barragán, na Igreja Batista do Hauer; pude testemunhar de perto a força e a beleza da sua jornada. Quem a conhece sabe que ela não teve uma vida fácil (foram muitas lutas físicas, emocionais, relacionais e espirituais) mas, em todas elas, brilhou a sua fé dependente. A Rejane nunca desistiu! Ela transformou dor em aprendizado, lágrimas em coragem e desafios em degraus de crescimento. Sua vida é um testemunho vivo de que quando alguém se agarra aos sonhos de Deus, nenhuma batalha é em vão.

Mulheres Escolhidas — O fruto do Espírito é exatamente isso: um presente de Deus através de uma rede de mulheres que não buscam parecer perfeitas, mas ser cheias do Espírito Santo. Esses devocionais, escritos por irmãs preciosas, falam direto ao coração, curam, levantam e inspiram. Esta obra é mais do que páginas escritas — é um chamado para que mulheres descubram sua identidade em Cristo, floresçam, servindo ao próximo no amor do Pai e vivam cheias da presença dele em todas as áreas da vida.

Cláudio Dias

Pastor, teólogo e psicólogo

Sinto-me honrada em fazer parte do Movimento Mulheres Escolhidas e me alegro em ver como o movimento cresceu e permanece despertando mulheres a colocar dons e talentos a serviço do Reino de Deus. Tive o privilégio de congregar com Rejane Barragán, na Igreja Batista do Hauer, por muitos anos, acompanhar seu servir inteiramente dependente à Deus a qualifica em seu ministério com as mulheres. Seu testemunho de vida identifica uma mulher virtuosa, que não teme a vida, adversidades e desafios. Diante de provas e batalhas espirituais recorre Àquele que a faz vencedora: seu amado Salvador Jesus Cristo. Creio que este novo livro causará impacto positivo e transformador naqueles que mergulharem nas histórias compartilhadas, por isso recomendo esta leitura. Louvado seja o Senhor por estas Mulheres Escolhidas. Graças a Deus por mais esta obra de amor. Deus as abençoe!

Tânia Hirsh

Autora e intercessora

Participar do movimento Mulheres Escolhidas tem sido uma experiência profundamente transformadora. Desde que conheci esse projeto, fui acolhida com amor e inspiração, experimentando o valor da unidade e da cooperação entre mulheres que caminham juntas, em obediência ao Espírito Santo e com o coração voltado para o Céu. Aprendi que estar em comunhão é mais do que dividir tarefas, é repartir fé, encorajamento e vida, sendo fortalecidas umas pelas outras no propósito que vem de Deus.

Como fotógrafa, tenho vivido o privilégio de registrar esse mover e, ao mesmo tempo, ser impactada por ele. Cada encontro, cada história e cada oração despertam em mim um desejo ainda maior de buscar intimidade com o Pai e viver para o propósito eterno. Fotografar o Mulheres Escolhidas não é apenas um trabalho, mas um chamado; é permitir que até o meu olhar seja usado para revelar a glória de Deus.

Paula Dugonski
Fotógrafa

Tive a alegria e a honra de escrever no primeiro livro do movimento, *Mulheres Escolhidas — Da identidade ao propósito*, e posso afirmar que foi uma experiência transformadora em minha caminhada com Cristo. Compartilhar palavras que nasceram em oração e, ao mesmo tempo, receber dos escritos de outras mulheres escolhidas, me fez compreender ainda mais a beleza da unidade no Corpo de Cristo. Fazer parte do Movimento Mulheres Escolhidas tem sido isso: viver comunhão, repartir fé e aprender, lado a lado, a depender do Espírito Santo em todas as áreas da vida. Sou grata a Rejane por liderar-nos nesse movimento, com seu testemunho de fé, sua perseverança em meio às lutas e sua visão de Reino.

Agora, em *Mulheres Escolhidas — O fruto do Espírito*, sinto que o Senhor nos conduz a um relacionamento ainda mais profundo com Ele. Cada devocional deste livro é uma semente que, regada pela graça de Deus, pode frutificar abundantemente na vida de quem o ler. Certamente, ao percorrer estas páginas, você também será conduzida a florescer no Espírito.

Regiane Furtado Croesy Jenkins
Pastora, advogada, contadora e psicanalista

O maior investimento da nossa vida é quando paramos tudo para ficar aos pés do nosso Salvador. Num tempo em que tudo virou "correria", silenciar tornou-se quase impossível. A quietude, a solicitude, o ouvir a doce voz é acessar aquilo que nos traz vida! Lembro que o arrependimento nos leva ao quebrantamento, e isso agrada ao nosso Pai.

Que precioso chegar em nossas mãos mais um devocional com histórias escritas por Mulheres Escolhidas que experimentaram o fruto do Espírito. Que privilégio aprendermos umas com as outras e meditarmos naquilo que é eterno.

Recomendo esse lindo material. Não é apenas uma leitura, mas um estilo de vida que precisamos para desfrutar das bençãos e milagres do céu. Que o mundo seja tocado pelo Espírito. Que nossa vida leve ao mundo o amor, alegria, paz, paciência, amabilidade, bondade, fidelidade, mansidão e domínio próprio.

Mas, quando orarem, cada um vá para seu quarto, feche a porta e ore a seu Pai, em segredo. Então seu Pai, que observa em segredo, os recompensará. (Mateus 6:6)

Ezenete Rodrigues
Pastora e líder de intercessão

Notas de gratidão

Consagro e dedico este livro ao Senhor que me escolheu, mesmo sendo eu uma improvável, imperfeita e pecadora miserável, que busca de joelhos, diuturnamente, a tão sonhada santidade que só Ele tem. Porém, como nos ensina o apóstolo Paulo, persigo buscando o propósito do chamado divino, abandonando os desejos da carne e sendo separada para um dia me apresentar diante de Deus e ouvir dele: “Muito bem, meu servo bom e fiel. Você foi fiel na administração dessa quantia pequena, e agora lhe darei muitas outras responsabilidades. Venha celebrar comigo” (Mateus 25:21).

Quero honrar a minha amada mãezinha, dona Isabel Rita, que é uma coluna na nossa família. Mulher de oração, que sempre nos conduziu nos caminhos do Senhor e persiste intercedendo pelos filhos e todos os integrantes da família. Devo a ela minha vida e minha jornada de fé e perseverança, apesar das circunstâncias.

Agradeço a Deus pelo meu amado esposo, o Pr. Daniel Barragán, que me suporta em amor, me incentiva e patrocina os meus projetos, me compreende até quando divago nos sonhos de um mundo melhor e supre as minhas ausências, dificuldades e deficiências.

Aos meus filhos, Isabelle, Laura e David, que são a expressão mais profunda do amor de Deus por mim. Presentes em minha vida, heranças de um Pai amoroso e razão de eu querer me tornar uma pessoa melhor a cada dia para ser referência para eles e, consequentemente, para as futuras gerações, assim como minha mãe é para mim.

A cada mulher escolhida por Deus, que ouviu o Seu chamado e me deu a honra da sua colaboração neste livro. Que o Senhor derrame benções sobre suas vidas e que vocês sigam transbordando as dádivas do fruto do Espírito por onde o Senhor permitir.

Ministérios Pão Diário, recebam minha gratidão por mais esta jornada abençoada e abençoadora. Certamente o resultado desta obra só foi possível pela dedicação de todos e de cada um, em especial agradeço ao Edilson Freitas e a Marília Lara pelo alinhamento para entregarmos o nosso melhor para o Senhor e para cada leitor. Agradeço também à Priscila Ferreira, pela cooperação em mais esse projeto.

Meu agradecimento especial a você que aceitou o convite para vivermos juntas esta jornada e sermos transformadas pela graça salvadora do nosso Senhor Jesus Cristo. Que Ele, no seu infinito amor, graça e misericórdia complete cada mensagem em seu coração e conduza-a para uma vida que gere muitos frutos.

Rejane Souza Menezes Barragán

Prefácio

Não imitem o comportamento e os costumes deste mundo, mas deixem que Deus os transforme por meio de uma mudança em seu modo de pensar, a fim de que experimentem a boa, agradável e perfeita vontade de Deus para vocês.

ROMANOS 12:2

Alguns livros nascem de ideias. Outros, de sonhos. Este, porém, nasce de vidas transformadas pelo Espírito Santo.

Mulheres Escolhidas — O fruto do Espírito não é apenas uma coleção de devocionais: é um testemunho coletivo de mulheres que ouviram a voz de Deus em meio à dor, à espera, às lutas e também às alegrias, e escolheram compartilhar com os outros o que o Senhor fez em seus corações.

Ao percorrer estas páginas, você encontrará histórias reais, reflexões profundas e aplicações práticas para cada atributo do fruto do Espírito: amor, alegria, paz, paciência, amabilidade, bondade, fidelidade, mansidão e domínio próprio. Mais do que conceitos, são experiências vividas, cheias de graça e unção, revelando a beleza de um Deus que transforma corações e dá novo propósito àqueles que se entregam a Ele.

O que torna este livro especial é sua essência comunitária. Muitas vozes, caminhos diferentes e múltiplos contextos, mas um único Espírito inspirando, confortando e guiando. Essa diversidade unida em Cristo nos lembra que ninguém caminha sozinho e que, juntas, podemos produzir mais frutos.

Minha oração é que, ao ler cada devocional, você permita que o Espírito Santo fale ao seu próprio coração. Que estas palavras despertem em você um desejo renovado de intimidade com Deus, de santidade e de prática diária da fé. Que você descubra, assim como tantas mulheres aqui descobriram, que as virtudes do fruto do Espírito não são apenas para serem admiradas, mas vividas, multiplicadas e compartilhadas.

Receba este livro como um convite: mergulhe sem pressa, deixe-se tocar pela obra de Deus e permita que cada página seja uma semente plantada em sua vida. O Senhor certamente fará florescer em você aquilo que só Ele pode produzir, lembrando que "uma mente transformada produz um coração transformado... e um coração transformado produz uma vida transformada".

Que este seja o início de uma linda colheita em seu caminhar com Cristo.

Trina Titus Lozano

TRINA TITUS LOZANO

@trina_titus_lozano; @homeexperience.global

Mora em Dallas/Fort Worth (Texas), é esposa de James, mãe de Brooke, Brandon, Brittany e Bryson, e avó de doze netos. É ministra cristã ordenada e conselheira pastoral. Coautora do *Home Experience* e líder dos intensivos de mentoria e do *podcast*. Seja escrevendo, falando ou oferecendo aconselhamento, compartilha a verdade de Deus para os desafios de hoje com honestidade, integridade e responsabilidade.

"Eu sou escolhida para ajudar as pessoas a alcançarem todo o seu potencial em Cristo, abraçarem sua verdadeira identidade e viverem em vitória!"

Sumário

Introdução

Eu o conheci antes de formá-lo no ventre de sua mãe;
antes de você nascer, eu o separei e o nomeei
para ser meu profeta às nações. JEREMIAS 1:5

O Movimento Mulheres Escolhidas nasceu no coração de Deus e eu, além de ser uma colecionadora de milagres, sou escolhida para despertar mulheres para viver os propósitos de Deus e fazer a diferença onde Ele nos colocar. Apesar de ter uma vida religiosa desde que me entendo por gente, não tinha a clareza do meu chamado, até que, após muitas manifestações divinas na minha vida, em um momento muito difícil, eu vivi o meu Peniel com o Senhor e me foi revelado o que hoje é o nosso movimento.

Partindo do pressuposto que milagre é uma intervenção sobrenatural de Deus em momentos de crise, quero compartilhar com você algumas das diversas manifestações divinas em minha própria vida, pois de uma coisa estou certa: o Senhor sempre cuidou de mim.

Cresci em um lar dividido espiritualmente: minha mãe sempre foi uma serva fiel do Senhor, mas meu pai não o conhecia, era alcoolista e, às vezes, violento. Aos 21 anos, já casada, sofri um acidente automobilístico retornando do velório do meu pai. Fiquei paraplégica e, vulnerável, tornei-me vítima de todos os tipos de violências em meu lar, inclusive tentativas de homicídio.

Lidando com minhas novas limitações, não aceitei me submeter a um relacionamento como o que estava vivendo. Encontrei forças nas promessas de Deus, e textos como Mateus 19:26 e Provérbios 3:5-8 falaram-me profundamente. Contrariando todos os prognósticos médicos, voltei a andar, depois de dois anos de tratamento já estava caminhando de muletas! Ressignifiquei a minha dor e abracei a missão de lutar pela defesa dos direitos de mulheres vítimas de violências, crianças e adolescentes, pessoas com deficiências e com doenças raras. Minha história estava a serviço do Senhor.

O Senhor restaurou minha sorte, e deu-me nova vida e nova família. Casei-me com o Daniel, que hoje é pastor, e três filhos abençoados. Passamos por um grande desafio durante a pandemia da COVID-19. Tanto eu quanto meu esposo tivemos a doença de forma muito severa, eu cheguei a ter setenta por cento de comprometimento pulmonar. Mais uma vez, o milagre de Deus me alcançou, e nessa ocasião compreendi do Senhor que minha vocação seria dar voz àqueles que não são ouvidos. Assim nasceu o Movimento Mulheres Escolhidas, um exército de mulheres separadas por Ele, com dons e talentos fantásticos, que encontraram em Jesus o propósito de sua vida.

O objetivo do Movimento Mulheres Escolhidas é apoiar mulheres para resgatar a sua real identidade em Cristo, encorajando-as a serem usadas pelo Senhor onde Ele as colocar. Nosso alvo é promover paz, amor, restauração e justiça social, amparadas em três pilares fundamentais: espiritual (devocionais diários, com oração e compartilhamento), liderança (fortalecimento de mulheres que vivem seu propósito e inspiram outras) e ação social (multiplicação de boas obras).

Nosso versículo-chave é Jeremias 1:5 e temos como símbolo um colar com a palavra *Escolhida*, que é usado para presentear, reconhecendo e honrando outra mulher como exemplo de verdadeira cristã.

O movimento iniciou em março de 2022, com 7 mulheres; após 3 anos, já somos mais de 6.000 mulheres em vários estados brasileiros e no exterior. Já estudamos mais de quarenta livros, totalizando mais de oitocentos devocionais diários, alguns encontros virtuais, *lives*, ministrações, aconselhamentos, atos de bondade que abençoaram muitas vidas e cultivamos uma forte comunhão entre mulheres no Brasil e no mundo.

Em 2024, lançamos nosso primeiro livro: *Mulheres escolhidas — da identidade ao propósito*, um devocional que convida suas leitoras para uma jornada de 40 dias de cura, descoberta e desenvolvimento do propósito de Deus em suas vidas. Agora, trazemos a você mais essa obra, *Mulheres escolhidas — O fruto do Espírito*, para a glória de Deus. Mais uma vez, estou segura de que a soma das nossas entregas chegará em lugares e pessoas que, individualmente, jamais chegaríamos e que muitas mulheres serão curadas, transformadas e despertadas para viverem um novo tempo na presença do Pai.

Apesar de sermos improváveis, imperfeitas cheias de falhas e limitações, o Senhor nos escolheu para viver uma vida em busca de santidade diariamente, crendo que o Espírito Santo, que habita em nossos corações, nos capacita, fortalece e instrui para que possamos transbordar na vida de outras pessoas, demonstrando o fruto do Espírito. Deus nos fez exatamente da forma que somos, com personalidades, características e dons que, somados aos nossos conhecimentos, habilidades, atitudes e experiências pessoais, nos habilitam para cumprir os propósitos específicos que Ele tem para cada uma de nós. Por isso, quero lembrá-la que você é única, exclusiva e incomparável, e que nossa referência e padrão é o próprio Jesus Cristo.

As 52 autoras entenderam os propósitos de Deus para si e compartilham neste livro uma porção das suas experiências pessoais e espirituais, no intuito de contribuir para reflexões pautadas na palavra de Deus. Certamente, com a ajuda do Espírito Santo, cada texto conduzirá você em uma jornada de maior intimidade com o Pai e a impulsionará a viver uma vida de santidade com Deus, refletindo o fruto do Espírito Santo que deve ser uma realidade na vida de todo cristão.

Deus está levantando um exército de mulheres para impactar as nossas comunidades, cidades, estados e nações, se posicionando e exercendo influências onde Deus nos permitir, a começar pelos nossos próprios lares. Sinta-se desafiada a viver na plenitude da graça, do amor e da misericórdia de Deus. O chamado é para todas nós! Vamos juntas impactar gerações? Que toda a honra e toda a glória sejam dadas ao Senhor dos exércitos, o próprio Deus!

REJANE SOUZA MENEZES BARRAGÁN

@rejanebarragan @movimentomulheresescolhidas

Mora em Curitiba, é esposa do Pr. Daniel e mãe da Isabelle, Laura e David. É doutoranda em Teologia Psicossocial, mestre em Governança e Sustentabilidade, graduada em Administração e Gestão da Informação, com especialização em Gestão de Pessoas, Gestão de Políticas Públicas e Educação em Direitos Humanos e psicanalista em formação. É servidora pública federal, professora, palestrante, autora, embaixadora da Interweave Solutions e líder fundadora do Movimento Mulheres Escolhidas. É membro da Igreja Batista do Bacacheri, onde serve no Ministério Compaixão e Justiça.

"Eu sou escolhida para despertar mulheres para viver os propósitos de Deus onde Ele nos colocar!"

Como usar este livro

Nosso primeiro livro motivou a criação de muitos grupos de leitoras, espaços de reflexão conjunta e partilha (da Palavra, de suas dúvidas, desafios e testemunhos pessoais). Essa experiência incrível nos inspirou para propor que este livro seja trabalhado também de forma coletiva, com encontros semanais (presenciais ou virtuais), numa jornada de 52 semanas.

O objetivo dessa obra é ajudá-la a mergulhar nas nove virtudes do fruto do Espírito Santo, conforme descrito em Gálatas 5:22-23. A reflexão sobre cada virtude se estende por 5 semanas. A ideia é permitir que você se aprofunde em cada aspecto do fruto por um período mais longo, permitindo que a Palavra de Deus trabalhe em sua vida de forma mais profunda e significativa e que você tenha tempo para colocar em prática cada princípio.

A ESTRUTURA GERAL PARA CADA SEMANA É:

1. **Louvor e adoração:** separe um tempo, no início da reunião, para ouvir a canção sugerida. Isso ajuda o grupo a desligar-se de distrações externas e a concentrar-se na presença do Pai e em Sua voz. Esperamos que goste das canções escolhidas para este tempo.

2. **Momento de partilha e quebra-gelo:** aproveite o primeiro encontro para apresentação das participantes. A partir do segundo encontro você poderá compartilhar o que aprendeu e pôde praticar durante a semana. Aproveite este tempo para conhecer melhor as participantes do grupo e interagir com elas.

3. **Leitura do versículo de referência:** leia e medite no versículo do dia que corresponde à semana em que você está. Certamente o Espírito Santo falará ao seu coração com o renovo desta palavra;

4. **Meditação:** Começamos com uma pergunta que conduzirá a uma reflexão prática de como esta virtude se manifesta ou, talvez, como ela tem sido desafiadora em sua vida. Depois siga com a leitura do texto e com a experiência da autora. Faça pausas e estimule a participação de todas;

5. **Pergunta de reflexão ("Reflita"):** Leia a pergunta proposta, mas também dê oportunidades de sugestões para as participantes;

6. **Pergunta de aplicação ("Vivencie"):** este é um passo crucial. Pense em uma ação concreta que você possa fazer para aplicar o que aprendeu. Leia a proposta da autora e incentive que as participantes coloquem em prática o princípio estudado em uma situação específica e comente o resultado no próximo encontro;

7. **Leitura bíblica ("Leia"):** faça a leitura recomendada, pois isso ajudará a compreender melhor o que foi abordado na mensagem central;

8. **Oração:** converse com Deus. Peça a Ele que a ajude a desenvolver essa virtude e a colocá-la em prática em seu dia a dia.

Lembre-se: este cronograma é uma sugestão. Sinta-se à vontade para ajustá-lo de acordo com seu ritmo e necessidade. O mais importante é a constância.

DICAS PARA MAXIMIZAR SUA JORNADA DEVOCIONAL:

- **Tenha um diário:** considere usar um caderno para anotar suas reflexões, orações e experiências. Isso a ajudará a acompanhar seu progresso e a se lembrar das lições aprendidas.

- **Compartilhe:** se você se sentir à vontade, compartilhe suas descobertas com um amigo ou familiar. Compartilhar a jornada pode ser uma ótima maneira de se manter motivada e crescer em comunidade.

- **Seja gentil consigo mesma:** haverá dias em que será difícil se concentrar ou cumprir a rotina. Não desanime! O importante é a intenção e o desejo de crescer em sua fé. Volte para a sua rotina no dia seguinte.

Que esta jornada de 52 semanas seja uma oportunidade para o Espírito Santo transformar seu caráter e produzir em você o Seu fruto.

Conhecendo o fruto do Espírito

Por isso digo: deixem
que o Espírito guie sua vida.

GÁLATAS 5:16

O som que propaga presença, entendimento e quietude

De repente, veio do céu um som como o de um poderoso vendaval e encheu a casa onde estavam sentados. ATOS 2:2

Um dia memorável na história da Igreja Primitiva é descrito em Atos 2:1-13. Este texto trata da vinda do Espírito Santo que ocorreu no dia de Pentecostes, cujo significado é *quinquagésimo*. Ele representava o tempo percorrido após a Páscoa e tinha a ver com o processo da colheita.

Imagine a cena que se configurou, quando as pessoas que ali estavam ouviram um som que vinha do céu, como um vento impetuoso, enchendo todo o lugar e as línguas de fogo começaram a ser distribuídas entre elas; subitamente, falavam em outras línguas, tendo a direção do Espírito Santo. Esse parece ser um cenário de tirar o fôlego, não é mesmo?

Interessante é que a vinda do Espírito Santo marcou aquele lugar de maneira singular, principalmente, porque possibilitou a comunicação entre diferentes povos. Elas compreendiam em sua própria língua o que era transmitido pela mensagem falada. Isso trouxe perplexidade e, ao mesmo tempo, admiração. Era algo surpreendente.

A mensagem falava sobre a grandeza do Reino de Deus. Contudo, muitos não quiseram ouvir essa verdade, pois estavam presos em suas próprias certezas, mesmo presenciando e constatando tal manifestação do Espírito Santo. Esse relato indica que a mudança de mente e coração não atinge a todos. A condição para isso é crer sem reservas.

Falar da ação presente do Espírito Santo diz respeito à maneira como cada um se posiciona diante dele. É mostrar-se sensível para ouvir a Sua voz, o que requer fazer um exercício movido pela quietude, disciplina, sensibilidade e conexão. A intervenção divina é certa, assim como Sua direção. Ele é o Consolador prometido. Aquele que intercede por cada um. Que traz à memória o que precisa ser mudado. Ele é Aquele que geme diante das atitudes e decisões que são tomadas por Seus filhos, dando paz ao coração.

Ouça Tu és soberano, de Asaph Borba.

Existem sons agradáveis e desagradáveis, agudos e graves, altos e baixos. Você já reparou que certo som só é percebido na quietude, quando se para tudo e se predispõe a ouvir? Você se recorda de alguma situação em que ouviu este tipo de som? Como você o recebeu? Ele alterou sua decisão? Trouxe paz ao seu coração?

Muitas vezes, tem-se o pensamento de que o Espírito Santo virá como um vento impetuoso, fazendo sons retumbantes, tal como ocorreu no dia de Pentecostes. Entretanto, é preciso compreender que a forma como agirá é uma decisão que compete a Ele mesmo. Não se tem como cerceá-lo ou manipulá-lo. Ele é Deus, exerce autoridade e tem o controle sobre tudo e todos.

Existem situações que são expressões vivas da ação do Espírito Santo, tais como orações respondidas, livramentos, disciplina, libertação, cura, dons e presença do Seu fruto. Aqui, há o mover sobrenatural do Espírito que traz certeza ao coração e uma alegria incontida. Contudo, é preciso dizer que é na quietude que se pode observar as Suas maravilhas. Como diz o salmista: "Aquietem-se e saibam que eu sou Deus" (Salmo 46:10).

Como é bom viver sobre a direção do Espírito Santo. Como é bom andar em Sua companhia e ouvir a Sua voz. Viver com essa certeza faz toda a diferença na caminhada cristã. Não há como ter dúvidas quanto ao Seu agir! Ao ouvir o que Ele diz, pode-se viver em obediência e dependência irrestrita. Afinal, Sua atuação é presente e assertiva, assegurando unidade e comunhão aos que o buscam com inteireza de propósito.

Ao ler sobre a vinda e a ação do Espírito Santo, dez certezas podem ser apresentadas. A primeira é que Ele é Deus; a segunda, que o Seu poder é inigualável; a terceira, que não há quem possa limitar Sua ação; quarta, que Sua autoridade é manifesta; quinta, que a Sua presença traz completude; sexta, que existe compreensão sobre a mensagem, nada é encoberto diante da Sua revelação; sétima, que Ele muda circunstâncias, conforme Sua vontade; oitava, que Ele está presente sempre e disciplina a quem ama; nona, que Ele é o Consolador; e décima, que Ele não abandona os que são seus. E é com tal convicção que se pode viver em paz e segurança que vem dele.

- LEIA: João 16:4-15; Romanos 8

- REFLITA: Você escuta a direção do Espírito Santo? Ele lhe traz entendimento sobre o que é preciso fazer ou mudar? Como identificar a Sua voz entre outras vozes?

- VIVENCIE: Vá para um lugar tranquilo e leia os textos bíblicos indicados hoje. Anote o que eles falam sobre o Espírito Santo e observe se as anotações mostram traços presentes em sua caminhada de fé.

Senhor Deus, obrigada por enviares o Espírito Santo. Assim posso ter o entendimento da Tua Palavra. Obrigada por Tua direção e cuidado. Obrigada, porque sei que Tu me amas e cuidas de mim. Moldas minha mente e coração e que em tudo seja feita a Tua vontade. Em nome de Jesus. Amém.

GLEYDS SILVA DOMINGUES @gley39

Mora em Curitiba, é esposa do Emanoel e mãe de Ana Carolina e Paulo Henrique, avó de Davi Emanuel. Pós-doutora em Educação e Religião, doutora em Teologia e mestre em Educação. Atua na formação de teólogos, em nível de Bacharelado e Mestrado, pelas Faculdades Batista do Paraná e Carolina University. Faz parte do Conselho de Missões, do Ministério de Mulheres e do Conselho Administrativo da ABC Vida na Igreja Batista do Bacacheri.

"Sou escolhida para glorificar a Deus!"

A mente de Cristo por trás de um rosto bonito

Pensem nas coisas do alto,
e não nas coisas da terra. COLOSSENSES 3:2

Como manter os pensamentos no alto, se aqui na terra temos tantas outras coisas para pensar? Filhos, escola, marido, trabalho, trânsito, aniversário, academia, igreja, estudos, mercado, consultas, maquiagem, família, boletos, desligar a panela! Responder as mensagens, apresentação das crianças, oração no grupo, desemprego... e assim vai a lista do dia menos agitado das mulheres, não é verdade?

Muitas vezes é um grande desafio desacelerar a mente e aquietar-se no Senhor, que está no controle de TUDO! Colocar Colossenses 3:2 em prática não significa deixar de pensar em nossas responsabilidades e demais circunstâncias que nos envolvem. Significa reconhecer de fato que Deus, em Sua infinita bondade, veio habitar entre nós, primeiro por meio de Seu filho amado Jesus e, depois de Sua ressurreição, por meio de Seu Espírito Santo.

Sim! A partir do momento em que aceitamos a Jesus como nosso Senhor e Salvador, tornamo-nos templo do Espírito dele, que habita em nós sem extinguir nosso espírito. Nossos desejos, nossa humanidade, nossa personalidade e nosso ser se tornam unificados em Cristo. Por isso que, às vezes, conflitos invadem nossa mente, pois, enquanto Ele nos inspira a perdoar, nós queremos justiça própria, ou enquanto Ele nos ensina a amar, o ódio continua tentando falar mais alto dentro de nós. Ele nos pede para dar e nós queremos receber!

Não é à toa que a Palavra do Senhor nos exorta a guardar o nosso coração (Provérbios 4:23). Num sentido mais profundo, está falando de vigiar os pensamentos, de filtrá-los para cuidar das emoções e de todas as consequências que os maus pensamentos trazem para o nosso corpo.

Não permita que os pensamentos intrusivos dominem sua mente. O Espírito de Deus lhe dá poder para vencê-los; ao se olhar no espelho quando for se maquiar, declare que sua mente é dele, que mais um dia você vai viver bela, bem cuidada e dominada pelo Espírito Santo, realizando cada tarefa para a glória dele.

Ouça Santo Espírito, de Laura Souguellis

Se todos os seus pensamentos fossem revelados agora, como você se sentiria? Ou você é aquela que fala tudo o que pensa e depois se arrepende?

- LEIA: Filipenses 4:8-9

- REFLITA: Você sabia que é você quem decide o que sua mente vai pensar? Que seus pensamentos geram suas emoções que, por sua vez, geram suas ações e comportamentos?

- VIVENCIE: Observe seus pensamentos pelas próximas 24 horas. Conforme identificar pensamentos negativos, refute-os imediatamente, no poder do Espírito Santo, levando-os à Cristo.

Senhor, perdoa-nos quando nos deixarmos ser levadas pela ansiedade e tristezas. Ajuda-nos a olhar para o alto, lembrando os Teus pensamentos a nosso respeito, pois são de paz e prosperidade. Que estejamos tão conectadas à videira verdadeira que todo o fruto de nossas ações seja Teu reflexo. Em nome de Jesus, amém.

SONIA REGINA CARDOSO @soniasrc

Mora em Curitiba, solteira, missionária, faz parte da diretoria da Ação Social Batista do Paraná, conselheira do Conselho Estadual dos Direitos dos Refugiados, Migrantes e Apátridas. Consultora, atua no Terceiro Setor há 15 anos. Graduada em Administração, teóloga e mestre em Teologia. Membro da Primeira Igreja Batista de Curitiba.

"Eu sou escolhida para pastorear, servir e proclamar as boas novas!"

O conflito nos relacionamentos

Não sejam egoístas, nem tentem impressionar ninguém. Sejam humildes e considerem os outros mais importantes que vocês. FILIPENSES 2:3

Todos nós, desde cedo, carregamos a marca do egoísmo. Basta observar um bebê: uma das primeiras palavras que aprendemos é "meu". Choramos porque queremos algo *agora* (o colo, o leite, o carinho) e não compreendemos a espera. Por isso é tão importante ensinar às crianças a esperarem, dividirem e serem gentis, para não se tornarem egoístas e imaturas nos relacionamentos.

Venho de uma família marcada por feridas emocionais e onde, por consequência, faltava empatia e sobrava ego. Por muitos anos tentei, com minhas próprias forças, ser mansa, humilde, bondosa e paciente. Mas era uma batalha cansativa... e muitas vezes eu "explodia" em raiva ou mágoa.

Foi quando compreendi algo transformador: eu jamais conseguiria produzir o fruto do Espírito sozinha. Ele é do Espírito, não meu. Só com a ajuda dele posso viver o amor, a alegria, a paz, a paciência, a amabilidade, a bondade, a fidelidade, a mansidão e o domínio próprio (Gálatas 5:22-23).

Nos relacionamentos mais próximos, os conflitos são inevitáveis. Quando eles surgem, nossa tendência natural é nos afastar, descartar o outro, principalmente se essa pessoa não corresponde às nossas expectativas.

Mas Jesus nos chama para um caminho mais alto — um caminho de mansidão e humildade de coração (Mateus 11:29). É nesse lugar que encontramos descanso para nossas almas. E quantas almas cansadas temos visto por aí, não é mesmo?

Jesus nos ensina também a andar a segunda milha (Mateus 5:41), mesmo quando não queremos. Louvo a Deus pela minha igreja, que tem me ensinado a não desistir das pessoas. Tenho sido profundamente tocada e surpreendida ao caminhar mais uma milha com irmãos e irmãs. Quantas bênçãos provêm dessa ação! Isso nos ensina a ver os outros com humildade, considerando-os superiores a nós mesmos (Filipenses 2:3).

Na próxima vez que você enfrentar um conflito — porque virão, se você tiver relacionamentos verdadeiros —, vá à Presença de Deus, ore e peça ao Espírito Santo que a quebrante, e vá até a pessoa com o coração disposto à reconciliação (e não a ter a razão).

Se, mesmo nascendo num contexto difícil, a graça irresistível de Deus me alcançou, Ele pode fazer o mesmo por você! É só você pedir.

Ouça Eu quero ver, de Cornerstone Music

Você já teve algum relacionamento rompido por causa de fofoca? Tem alguém com quem você precise se reconciliar? Para quem você precisa pedir perdão por ter falado dela para outra pessoa?

- LEIA: Mateus 11:29; Romanos 12:18-19

- REFLITA: A quem você precisa pedir perdão por reclamar dele ou dela? Pense naqueles que você considera "inferiores" a você. Quais as suas atitudes para com eles e como você agirá a partir de agora?

- VIVENCIE: Faça uma lista das pessoas que a feriram e outra das que você feriu. Ore pedindo direção e discernimento ao Espírito. Como restaurar esses relacionamentos?

Pai querido, perdoa-me por todas às vezes que não fui mansa e humilde como Jesus! Ajuda-me a frutificar e a considerar os outros superiores a mim mesma. Traz à minha memória relacionamentos que precisam ser reconciliados e me ajude a agir com humildade. Em nome de Jesus, eu oro e te agradeço por quebrantares meu coração e descanso para a minha alma!

ANGÉLICA OLIVEIRA @anngel.oliveira

Mora em Curitiba, é esposa do Willian e mãe do Henri e do Viccenzi. É graduada em Direito e Recursos Humanos e pós-graduada em Direito Constitucional, Administrativo e Tributário. Atua como professora na Universidade da Família e como mentora do curso A Experiência do Lar. Membro da Igreja Cornerstone, serve em missões urbanas, nacionais e internacionais.

"Eu sou escolhida para ajudar criaturas e servas a se tornarem filhas amadas de Deus!"

Da rejeição à liberdade em Cristo

Portanto, permaneçam firmes nessa liberdade, pois Cristo verdadeiramente nos libertou. Não se submetam novamente àescravidão da lei. GÁLATAS 5:1

Algumas marcas nos acompanham desde a infância, e a dor da rejeição pode ser uma delas. No meu caso, fui uma surpresa indesejada. Meus pais, desesperados, tentaram interromper a gestação durante seis meses. Deus interveio e, por um milagre, eu sobrevivi.

Eu acreditava que era um acidente. Mesmo sendo cristã, convivi por quase 50 anos com um sentimento de não pertencimento que gerou medo, insegurança e vergonha. Vivi como escrava das obras da carne, especialmente manifestas em ira quando me sentia criticada ou exposta. Embora eu reconheça minha responsabilidade, minhas reações eram impulsivas, fruto de uma identidade fragmentada pela dor.

Talvez você nunca tenha vivido a rejeição, mas pode ter enfrentado abandono, humilhação, traição ou injustiça. As cicatrizes dessas experiências podem gerar atitudes como ressentimento, amargura e outros comportamentos carnais e disfuncionais.

Nesse contexto de sofrimento, recebi uma palavra profética e libertadora: *fui feita de propósito, com intenção e amor, pelo próprio Deus.* Minha realidade foi transformada! Compreendi que "Cristo verdadeiramente nos libertou" (Gálatas 5:1), ou como diz outra versão, "Foi para a liberdade que Cristo nos libertou"! (NVI). Minha identidade já não estava refém do passado, mas ancorada na cruz com Cristo, onde minha carne foi crucificada com Ele.

Somos livres! Viver no Espírito não é um estado passivo, mas sim um movimento contínuo e uma escolha diária de alinhamento com a vontade divina. A batalha constante entre a carne e o Espírito exige um posicionamento firme: "Uma vez que vivemos pelo Espírito, sigamos a direção do Espírito em todas as áreas de nossa vida" (v.25). Essa jornada requer intencionalidade e dedicação constantes, o cultivo do fruto do Espírito. Nossas atitudes não devem ser moldadas pelas circunstâncias, mas pela graça que nos transforma. Em vez de medir o quanto a carne ainda influencia, precisamos nos encher do Espírito Santo até transbordar com generosidade o Seu fruto.

> Ouça Me refaz, Senhor, de Albilene Maniero Garcia
>
> Nossas atitudes refletem a liberdade em Cristo ou a escravidão ao pecado?

Mulheres de fé, apoiemo-nos umas às outras na jornada de liberdade em Cristo, partilhando testemunhos, orações e comunhão. Assim como o sol rompe a noite, a graça de Cristo traz um novo amanhecer, dissipando as trevas. Podemos ser a mão de Jesus que abraça, o ouvido que escuta e a palavra que gera vida.

- LEIA: João 8:36; Gálatas 5:16-26
- REFLITA: Nossas ações são fruto do Espírito ou da carne?
- VIVENCIE: Que passos práticos podemos tomar para termos mais atitudes inspiradas pelo Espírito Santo?

Senhor, ajuda-nos a andar no Espírito, resistindo às obras da carne. Que nosso viver revele Teu fruto com graça, verdade e abundância. Em nome de Jesus, amém.

ALBILENE MANIERO GARCIA @albilene_bibi; @feitosdepropositooficial; @jesusvoxmusic
Mora em Curitiba, é esposa do Flúvio e mãe do Pietro, Matteo e da Valentini. É graduada em Teologia e Administração, *coach*, avivalista pela Bethel Church, escritora, mentora, compositora e fundadora do movimento pró-vida "Feitos de Propósito". É membro da Igreja Batista do Bacacheri.
"Eu sou escolhida para, com Cristo, libertar cativos e dar voz aos que estão no ventre!"

Notas

Amor

Mas o Espírito produz este fruto: amor, alegria,
paz, paciência, amabilidade, bondade, fidelidade, mansidão
e domínio próprio. Não há lei contra essas coisas!

GÁLATAS 5:22-23

Ele nos amou primeiro

Nós amamos porque ele nos amou primeiro. 1 JOÃO 4:19

Ainda me lembro do sentimento explosivo que invadiu meu peito, no dia em que meus filhos nasceram. Minutos antes, eu questionava se aquele sentimento poderia crescer e se tornar um amor verdadeiro. Em frações de segundos, ao som do primeiro choro, algo totalmente incontrolável tomou conta de mim. *Ah! Era o amor*. Embora eu já tivesse experimentado outros amores, nada se comparava àquele "novo" amor que agora sobrepujava todos os outros: o amor de uma mãe por um filho.

Tendemos a pensar que esse é o maior sentimento que alguém pode conhecer. No entanto, por mais profundo que seja, ele carrega falhas. Uma mãe, mesmo amando intensamente, pode errar, se frustrar ou até falhar. A própria Bíblia nos diz: "Pode a mãe se esquecer do filho que ainda mama? [...] Mesmo que isso fosse possível, eu não me esqueceria de vocês!" (Isaías 49:15). Isso nos mostra que existe algo ainda mais sublime — o amor perfeito de Deus.

Quando Jesus veio ao mundo, Seu propósito era reconectar os filhos e filhas ao Pai. O acesso havia sido rompido e era necessário um plano divino. Jesus era a resposta: o novo e vivo caminho (Hebreus 10:20). Uma nova forma de amar foi revelada — um amor que coloca o outro em primeiro lugar.

"Por isso, agora eu lhes dou um novo mandamento: Amem uns aos outros. Assim como eu os amei, vocês devem amar uns aos outros. Seu amor uns pelos outros provará ao mundo que são meus discípulos" (João 13:34-35).

O amor humano, da forma que aprendemos, é como uma moeda de troca. Amamos para sermos amados e correspondidos. Jesus é o modelo do nosso novo padrão de amor. Ele é o "protótipo" da nova vida, e esse amor é aprendido (não vem "de fábrica"). Exige sacrifício, renúncia e entrega. Esse amor não nasce do esforço humano, mas da presença do Espírito Santo em nós. É Ele quem planta essa semente em nosso coração, e com o tempo os frutos aparecem.

Jesus nos ensinou esse amor servindo: lavando pés, abraçando doentes, acolhendo pecadores. Mas um gesto se destacou enquanto Jesus realizava a segunda uma pesca maravilhosa (veja João 21:1-19). Havia algo mais profundo acontecendo ali: Jesus precisava tratar o coração de um dos Seus discípulos. Pedro havia negado seu grande amigo. O amor de Pedro por Jesus era imenso, mas não era suficiente. Jesus então pergunta três vezes: *Você me ama?* Sim, Pedro o amava profundamente, mas Jesus queria levá-lo além. Diante da resposta afirmativa, Jesus lhe dá uma instrução clara: *Cuide de minhas ovelhas.* Em outras palavras: alimente-as, doe-se. Amar é isso: agir em favor do outro. O amor nos coloca em movimento.

Ouça Sublime, de Fhop

Você já se perguntou se é possível amar alguém da mesma maneira que Deus ama? É possível amar incondicionalmente e despretensiosamente?

- LEIA: 1 João 4:7-21; João 21:1-19
- REFLITA: Por que temos tanta dificuldade em colocar o próximo em primeiro lugar?
- VIVENCIE: Como podemos amar o próximo de forma sacrificial, altruísta e renunciando nossos próprios interesses?

Pai querido, como é bom encontrar em ti a nossa fonte inesgotável de amor. Reconhecemos que somos falhas e que a nossa forma de amar é imperfeita. Faz-nos amar como agrada o Teu coração, abrindo mão dos nossos desejos e nos movendo em direção daqueles que ainda não o conhecem. Ensina-nos a amar como o Senhor ama. Em nome de Jesus, amém.

CAROLINA FERES BUSATO @carol.busato

Mora em Curitiba, é esposa do Juliano e mãe do Davi e do Lucas. Médica por formação, com especialização em dermatologia e nutrologia, deixou a carreira para se dedicar integralmente ao ministério com mulheres e casais. Diaconisa na Primeira Igreja Batista Curitiba, pregadora da Palavra, lidera o ministério Conexão Preciosa.

"Eu sou escolhida para despertar mulheres ao seu propósito e impulsioná-las a viverem plenamente o chamado de Deus!"

O amor transforma

O amor nunca desiste,
nunca perde a fé, sempre tem esperança e
sempre se mantém firme. 1 CORÍNTIOS 13:7

O apóstolo Paulo descreve o amor de maneira profunda e prática, explicando como ele deve ser vivido no dia a dia dos cristãos. Neste texto, vamos explorar o significado de *tudo sofre, tudo crê, tudo espera, tudo suporta* e como podemos aplicar esses princípios em nossas vidas.

A força do amor: sofre e suporta. Somente o amor tem a capacidade de aguentar situações difíceis sem reclamar ou desistir. Sofrer, nesse contexto, não significa buscar dor ou dificuldades, mas sim enfrentar desafios com coragem e perseverança.

Suportar refere-se à força para se manter firme, mesmo quando tudo parece estar contra nós. Suportar é resistir avançando, não aceitar ficar parado. Jesus nos amou, se entregou, sofreu e tudo suportou por mim e por você. Leia Isaías 53 para perceber ainda mais o amor de Cristo por nós.

A confiança do amor: crê e espera. Crer não significa que sejamos ingênuos ou crédulos em tudo. Pelo contrário, é a convicção dos que conhecem quem Deus é e, por isso, depositam sua confiança nele. Com relação às pessoas, crer é acreditar em alguém, é demonstrar amor e dar oportunidade para que a pessoa prove que é confiável. Isso não significa ser ingênuo ou ignorar os erros ou defeitos dos outros, mas não desistir das pessoas e cooperar com o que Deus quer e pode fazer em suas vidas, assim como Ele não desiste de nós e tem nos transformado.

Esperar na certeza de que o Senhor sempre tem o melhor para nós significa agirmos, esforçarmo-nos, confiantes e bem direcionados, pois nossa esperança não está em circunstâncias; "vivemos pela fé, e não pelo que vemos" (2 Coríntios 5:7). Nossa esperança está em Deus, Ele tem todo poder!

Temos esse entendimento e convicção desde o novo nascimento, da nova vida que Ele nos ofereceu em Cristo: "ele nos fez nascer de novo, por meio da ressurreição de Jesus Cristo dentre os mortos. Agora temos uma viva esperança" (1 Pedro 1:3). Nossa esperança é Jesus Cristo vivo!

Por fim, esperar não é simplesmente desejar algo, mas manter viva a expectativa e perspectiva de um futuro melhor, confiando e sabendo que Deus faz todas as coisas cooperarem para o bem daqueles que o amam e que são chamados de acordo com Seu propósito.

Viver o amor descrito em 1 Coríntios 13:7 não é fácil, mas é possível, por Sua graça, favor imerecido que nos capacita. Desfrutar desse amor é incrivelmente transformador.

Ouça Quero me apaixonar, de Diante do Trono

Existe algo mais poderoso que o amor? Vamos trazer à memória! Alguém marcou sua vida com atitudes de amor, que transformaram sua maneira de pensar e agir?

O amor nos constrange. Vamos perseverar nos relacionamentos, estejamos dispostas e disponíveis! O amor é decisão. Amar com o amor de Deus é ser plena. Todos os dias podemos estender nossas mãos ao outro, podemos fazer o bem, este é um instrumento maravilhoso para refletirmos o amor!

Por mais que as circunstâncias sejam desfavoráveis, decida amar, pois esse é o sentido da vida. Enfrentaremos desafios, mas a vontade de Deus é que sejamos transformados e que transbordemos Seu amor. Somos ministros do Senhor, vivemos de forma a anunciar a reconciliação por meio da transformação. Somos Seus cooperadores, enviados para que o mundo creia que Jesus, a maior prova do amor de Deus, veio para buscar e salvar o que se havia perdido.

O amor jamais acaba. Não há desculpas ou argumentos que justifiquem não sermos transformadas e não nos tornarmos agentes de transformação para muitos, marcando nossa geração, porque para Deus nada é impossível e Ele habita em nós.

O propósito do amor é que sejamos transformados conforme a imagem do Filho (Romanos 8:29). Lembre-se: *sem amor, nada somos.*

- LEIA: João 3:16

- REFLITA: Quais pensamentos ou hábitos você precisa abandonar ao pé da cruz, para desenvolver a vocação para a qual foi criada? Do que você precisa lançar mão para ser transformada e alcançar os outros?

- VIVENCIE: Seu desafio diário é transbordar amor em atitudes, orações e ações! Comece por um relacionamento que está abalado e experimente o amor por meio do perdão.

Senhor Deus, somos gratas por Teu perdão e por conceder-nos vida em abundância. Faz em nós a Tua vontade! Guia-nos por Teu Espírito Santo, ensina-nos a viver de acordo com o Teu amor, para refletirmos a Tua glória e a Tua graça em nossa vida e relacionamentos. Alinha nosso coração ao Teu. Louvamos-te por Teu amor, que é eterno e que nunca falha. Amém!

LUCIMAR APARECIDA DE OLIVEIRA
@missionaria_lucimar_

Mora em Curitiba, é esposa do Pr. José Joaquim e mãe do Michel. Pastora presidente do Ministério Assembleia de Deus Rocha Eterna. Fundadora e Presidente do Instituto Rocha Eterna em Crescimento.

"Eu sou escolhida para levar as boas novas!"

O encontro com a felicidade na prática do amor

Filhinhos, não nos limitemos a dizer que amamos uns aos outros; demonstremos a verdade por meio de nossas ações. 1 JOÃO 3:18

Certa vez, o dono de um restaurante, enfurecido com a presença de um morador de rua pedindo comida na porta do seu estabelecimento, tirou à força esse pedinte e o colocou para o outro lado da rua. Um passante, vendo toda aquela cena, disse: "Não é assim que se faz". Essa pergunta não saiu mais da cabeça daquele que usou a força bruta para resolver a questão. A resposta chegou, e esse homem se tornou um empreendedor social, acolhendo e transformando a vida de milhares de menores em situação de risco, através da educação, do esporte e de cursos profissionalizantes.

Uma senhora perdeu parte da sua audição num acidente de trabalho. Na mesma época, seu esposo teve um sério problema cardíaco. Ela entrou em depressão profunda. Numa roda de conversa, ouviu que seria interessante aprender um artesanato para enfrentar essa fase difícil. Ela levou isso tão a sério que aprendeu incontáveis trabalhos artesanais e descobriu muitos talentos admiráveis. Tornou-se uma grandiosa artista. Entendeu que tudo aquilo não poderia parar nela e decidiu fazer de sua casa, mesmo simples, um espaço multifuncional para ensinar a crianças o que ela havia aprendido. Fez tudo voluntariamente, com muita disposição e amor. Aquelas tardes não só coloriam tecidos, *biscuits*, peças de porcelanas, quadros, mas a esperança de cada um que era abraçado por aquele lar de amor.

Na pandemia, uma mulher que amava escrever decidiu "abraçar com as palavras". Ela vendia alguns produtos, e todas as vezes que recebia uma encomenda, enviava com uma carta escrita à mão. Foram centenas! A tinta de algumas canetas acabou. Sem conhecer aqueles clientes, ela parava e, com muito amor, escrevia mensagens de esperança. Doava seu precioso tempo para pensar naquela pessoa, chamando-a pelo nome e desejando vida plena. Os retornos foram emocionantes. Muitas vezes, a leitura de algumas doces palavras podem mudar o destino de alguém.

Passaríamos muito tempo relatando histórias de projetos sociais que começaram através de uma dor e se tornaram cura para milhares.

Ouça Não voltarei atrás, de Banda Manifesto

Qual foi a última vez que você praticou o amor por alguém que você não conhecia?

- LEIA: 1 Coríntios 13:13
- REFLITA: Como temos demonstrado o amor prático por aqueles que não conhecemos?
- VIVENCIE: Os nossos talentos estão guardados ou a serviço? Temos colocado nosso dom na história?

Pai, ajuda-nos a encontrar aqueles que aguardam a manifestação do nosso amor. Não nos deixes enterrar os nossos dons e talentos. Queremos retribuir com generosidade o amor que tem nos alcançado. Desejamos deixar várias histórias de amor registradas aqui na Terra e que, um dia, o grande encontro aconteça lá no Céu por aqueles que experimentaram viver o maior dom: o amor!

JULIANA LEÃO @julianaleaofilha

Mora em Curitiba, é esposa do Kelvin e mãe do José e do Benjamin. Jornalista de coração e atuante em causas humanitárias. Colaboradora da Associação Servindo e Protegendo, é capelã hospitalar e captadora de recursos para o Terceiro Setor. Autora do livro *Uma vida simples com um Pai extraordinário.*

"Eu sou escolhida para ser uma voz por aqueles que não conseguem pedir socorro!"

Verdadeiro amor

Esse amor não tem medo, pois o perfeito amor afasta todo medo. Se temos medo, é porque tememos o castigo, e isso mostra que ainda não experimentamos plenamente o amor. 1 JOÃO 4:18

É maravilhoso perceber que, em tantas passagens da Palavra de Deus, o amor é o tema central. A Bíblia cita a palavra "amor" centenas de vezes, demonstrando o quanto este é um valor essencial no coração do Pai. Mas, afinal, o que significa viver o amor verdadeiro, como filhas amadas de Deus?

Existe, sim, um "verdadeiro" amor — o "perfeito amor" mencionado em 1 João 4:18. Esse amor não é superficial, condicional ou baseado em trocas. É um amor profundo, libertador, que lança fora todo medo, insegurança, culpa e até mesmo a sensação de não pertencimento.

Quando temos um encontro genuíno com o Espírito Santo, esse amor começa a curar áreas profundas do nosso coração. Ele desfaz os nós da comparação, cura as feridas da rejeição, quebra as cadeias da orfandade e silencia as vozes da ansiedade. Passamos a entender que somos desejadas, cuidadas e escolhidas por um Deus que nos chama de filhas. Esse amor muda tudo.

O salmista expressa um clamor que vem do íntimo: "Como a corça anseia pelas correntes de água, assim minha alma anseia por ti, ó Deus. Tenho sede de Deus, do Deus vivo" (Salmo 42:1-2). Esse desejo intenso por Deus nasce quando provamos o Seu amor verdadeiro. Quando deixamos de apenas ouvir falar e passamos a experimentar, dia após dia, o cuidado, a voz e a presença do Amado que nos conhece por inteiro.

O verdadeiro amor de Deus não é um conceito distante, mas uma realidade acessível. Ele nos chama para um relacionamento íntimo e constante, onde não há espaço para o medo — pois onde o amor dele habita, a paz reina.

- LEIA: Salmo 42; 1 João 4:7-21

- REFLITA: Ao olhar para sua vida hoje, você tem desfrutado do amor e do cuidado do Pai? Ou tem vivido sobrecarregada por medo, ansiedade ou solidão?

- VIVENCIE: Quais passos práticos você pode dar hoje, para viver este amor puro e genuíno com o Senhor? Quanto tempo você tem separado para estar com Deus e conhecer mais sobre Ele?

Ouça Deus de Promessas, de Davi Sacer

Qual tipo de amor temos vivido em nossos relacionamentos (como casal, mães e filhos, com Deus e conosco mesmas)? Temos amado com liberdade e verdade, ou com medo e insegurança?

Pai de amor, Tu és bondoso e fiel. Sei que o Teu amor por mim é real, mesmo quando minha alma duvida. Quero me render completamente a ti e lançar fora todo o medo. Perdoa-me pelas vezes em que busquei o amor nas coisas do mundo. Ensina-me. Que o Teu amor seja revelado em mim e por meio de mim, todos os dias. Em nome de Jesus, amém.

JOANNA LEANDRO @prajoannaleandro

Mora em Curitiba, é esposa do Pr. Marlon, mãe da Maria, da Anna e do João. Formada em Teologia e especialista em Aconselhamento Pastoral. Pastora da Comunidade Cristã Movement no Alphaville de Curitiba e coordenadora do Home Experience do Paraná.

"Eu sou escolhida para viver a filiação de um Deus vivo e poderoso que me separou para falar de Seu nome aos quatro cantos da Terra."

Uma missão chamada amor

Eu o chamei pelo nome, você é meu.
Quando passar por águas profundas, estarei a seu lado.
Quando atravessar rios, não se afogará. ISAÍAS 43:1-2

Você já se deu conta de que Deus confiou a você uma missão de amor que parece maior do que suas próprias forças? Existem amores que não nascem do ventre, mas da eternidade. Amores que não seguem o DNA do sangue, mas o compasso do Céu. Amores que não têm a lógica da genética, mas carregam a marca da promessa. Ser mãe adotiva é aceitar um chamado invisível, silencioso e, ao mesmo tempo, inconfundível; é uma missão com o nome do próprio Deus: amor.

A adoção é uma das formas mais intensas de viver o amor sacrificial. É entregar o coração inteiro a alguém que chega com uma história antes da nossa. É abraçar traumas que não causamos, chorar por dores que não vivemos e, ainda assim, repetir: "Você é minha", fazendo disso uma verdade inabalável.

Ananda chegou com 10 anos para nós, dos quais 8 foram passados em uma Casa Lar. Mas Deus já havia sussurrado promessas em meus sonhos. Ele dizia que o nosso filho seria grande.

Ser mãe por adoção é ter coragem para caminhar sem mapas. Não há fórmulas. Há perguntas sem resposta e orações que só o Céu entende. Mas também há sorrisos que iluminam dias, pequenos avanços que viram vitórias e momentos em que Deus, com doçura, diz: "Foi por isso que Eu te chamei."

E como negar esse chamado? Deus também nos adotou. Não éramos parte da Sua casa, mas Ele nos amou primeiro. Chamou-nos pelo nome. Nos viu na multidão e declarou: "Tu és meu." A maternidade por adoção nos oferece um vislumbre do que é ser amada por Deus, não por mérito, mas por graça.

Ser mãe de coração é viver a mais alta vocação: amar como Deus ama. É entender que "chamar pelo nome" não é só dar identidade, é declarar pertencimento. E quando Deus chama, Ele sustenta. Quando une, nada separa. Quando planta esse amor, nenhum vento arranca.

Ananda foi escolhida. Eu fui escolhida. E você também. Escolhidas para amar de formas que talvez não pareçam com o que se imaginava. Mas, ainda assim, são formas perfeitas, porque vêm do Céu.

Ouça Sou Casa, de Elizeu Alves

Existe alguém em sua vida a quem Deus tem chamado você a amar com um tipo de amor que foge à lógica humana, mas se alinha com a lógica do Céu?

- LEIA: Efésios 1:3-6

- REFLITA: Você consegue reconhecer onde Deus a chamou para amar como Ele ama?

- VIVENCIE: Quais atitudes práticas você pode tomar esta semana para demonstrar esse amor que escolhe, acolhe e persevera?

Pai amado, obrigada por me chamares para essa missão tão sagrada e cheia de propósito eterno. Quando o caminho pesar e meus pés vacilarem, lembra-me de que foste Tu que me escolheste com amor. Sustenta-me com Tua força, ensina-me a amar com Tua graça e abre meus olhos para enxergar, em cada detalhe, o Teu plano perfeito. Em nome de Jesus. Amém.

PAULA HOFFMANN @paulahoffmann.interiores

Mora em Campina Grande do Sul, é esposa do Marcio e mãe da Ananda. Graduada em Design de Interiores e Finanças. Especialista em Neurociência e Psicoarquitetura. Formada pela Mentoria da Experiência do Lar. Serve no Ministério de Casais, na Igreja Batista Vida.

"Eu sou escolhida para decorar lares com propósito e identidade!"

Notas

Alegria

Mas o Espírito produz este fruto: amor, alegria,
paz, paciência, amabilidade, bondade, fidelidade, mansidão
e domínio próprio. Não há lei contra essas coisas!

GÁLATAS 5:22-23

Cultivando a alegria

Portanto, coma sua comida
com prazer e beba seu vinho com alegria,
pois Deus se agrada disso. ECLESIASTES 9:7

Quando meu filho Martin tinha cerca de 8 anos, quebrou o braço na escola, enquanto brincava no balanço. Levei-o a uma clínica e, quando o médico fez a manobra para reposicionar os ossos, ouvi gritos de dor que jamais meus ouvidos haviam escutado. Meu coração de mãe entristeceu-se só de imaginar o que ele estava sentindo. O gesso foi colocado e, quando meu filho pisou na calçada já do lado de fora da clínica, ele deu um grande suspiro de alívio! Em seguida falou: *Mamãe, podemos tomar um sorvete?*

Depois de tanto sofrimento, era hora de se alegrar!

A palavra de Deus nos apresenta muitos personagens que se alegraram, para nos mostrar que a alegria deve fazer parte do nosso cotidiano e que ela reflete reconhecimento e gratidão por algo que recebemos.

Em 1 Crônicas 29:9, Davi alegrou-se ao trazer a Arca da Aliança para Jerusalém, dançando e celebrando o retorno do símbolo da presença de Deus.

A sunamita teve a alegria de ser mãe, a tristeza de ver seu filho adoecer e falecer, e a grande alegria de presenciar um milagre, quando o profeta Eliseu orou fervorosamente a Deus e o menino voltou à vida. Você consegue imaginar a alegria em vivenciar um milagre como esse? Tudo isso aconteceu porque ela decidiu hospedar em sua casa um servo de Deus (você pode conferir essa história em 2 Reis 4:8-37).

Em Lucas 1:46-55, vemos o relato da imensa alegria de Maria, expressando seu contentamento por ser escolhida para ser a mãe do Messias.

Na nossa vida, algumas vezes desfrutamos de alegrias que vêm como consequência de um esforço, dedicação e muito empenho, como por exemplo o dia da formatura. Nós nos alegramos porque vencemos as dificuldades e conquistamos um objetivo. Outras vezes, a alegria chega de surpresa!

Pode ser uma visita de um parente ou amigo que você não via há muitos anos, o diagnóstico médico de que uma doença foi curada ou o boletim escolar de um filho com boas notas.

Quando a alegria chegar, celebre! Desfrute da melhor maneira possível. Reconheça e agradeça pelas pequenas alegrias escondidas em meio às lutas.

Ouça Gratidão, de Felipe Rodrigues

Você é uma pessoa que cultiva o contentamento e consegue aproveitar os momentos de alegria que a vida lhe proporciona?

- LEIA: 2 Reis 4:8-37
- REFLITA: Qual foi a maior alegria que você já experimentou na sua vida?
- VIVENCIE: Nesta semana, você aceita o desafio de listar as suas alegrias?

Pai amado, agradeço-te por tantas alegrias que o Senhor já me proporcionou. Perdoa-me se eu não reconheci alguma delas e ajuda-me a perceber e a celebrar, na Tua presença, todas as alegrias que o Senhor permitir na minha vida e na minha família.

PRISCILA HERINGER OLIVEIRA @pri.he.ringer

Mora em Curitiba, é esposa do Ismael e mãe do Yuri e do Martin. É contadora, especialista em Controladoria e Administração, serve na Escola de Pais na Igreja Batista do Bacacheri, é facilitadora dos cursos da Universidade da Família e Experiência do Lar.

"Eu sou escolhida para ensinar e cuidar!"

O cântico da alegria de Maria

Minha alma exalta ao Senhor!
Como meu espírito se alegra em Deus,
meu Salvador! LUCAS 1:46-47

A alegria expressa por Maria em seu cântico, o *Magnificat*, é uma alegria que transcende circunstâncias e brota de uma profunda consciência espiritual. Quando ela diz: "meu espírito se alegra em Deus, meu Salvador", mostra que sua felicidade não depende de *status* ou conforto, mas nasce da certeza de que Deus cumpre Suas promessas e age com misericórdia na história.

O fruto do Espírito nos dá uma alegria, não como uma euforia momentânea, mas como uma luz constante dentro da alma. Assim como Maria se alegrou na salvação e na obra de Deus em sua vida, quem experimenta essa alegria espiritual sente um contentamento inexplicável, mesmo em meio a dificuldades, pois sabe que está amparado por um propósito maior.

A alegria é um fator essencial para o bem-estar geral e tem um impacto profundo na saúde, seja física, mental, emocional, relacional ou espiritual. Sentimentos de alegria podem reduzir o estresse, a ansiedade e promover uma sensação de calma e estabilidade.

Com Maria aprendemos que a alegria como fruto do Espírito não é um processo racional, mas é uma emoção que brota do interior e que nos leva a cantar um cântico novo. Caso não seja sentida brotando da interioridade, pode ser apenas como um vapor qualquer que se dissipa com qualquer vento de adversidade.

As emoções alegres podem surgir com recompensas prazerosas e passageiras, mas desvanecer logo após. Por exemplo, podem surgir ao se comprar um carro novo, uma cozinha reformada ou um batom na cremosidade desejada, e podem ofuscar-se quando for necessário vender o carro para deixar de ser refém das bocas vorazes das dívidas.

As emoções alegres podem desaparecer caso não haja uma alma abastecida pela alegria verdadeira — aquela que não é produzida por ações humanas, mas pela ação do Espírito. A nós ela é doada, e a nossa postura deve ser a de recebê-la. Assim fez Maria, que decidiu se entregar como serva e receber a alegria da vontade de Deus em sua vida.

Ouça Alegria/Sou feliz com Jesus, de Rachel Novaes

A alegria é uma emoção recebida ou produzida? Ela interfere em nossa saúde física, mental, emocional, relacional e espiritual? Você sente alegria?

- LEIA: Lucas 1:46-55

- REFLITA: No cântico de Maria, a exaltação da alma ao Senhor e a alegria do espírito em Deus surgem a partir de ações humanas ou elas são dadas por Deus?

- VIVENCIE: A alegria como fruto do Espírito é um presente divino e está disponível para todos. Como você poderia usufruir mais desse presente maravilhoso?

Pai celestial, reverencio-o como o doador da alegria! Percebo que atuas em minhas fragilidades e em tempos de pesar utilizas minhas lágrimas como tintas poderosas para desenhar novos e inesperados sorrisos. Coloco minha alma disponível para que a abasteças da Tua alegria, juntamente com o Teu amor em misericórdia a cada novo amanhecer. Gratidão!

CLARICE EBERT @clariceebert

Mora em Curitiba e Posadas, casada com Carlos José e mãe de Jeison, Jeise e Jamine. Mestre em Teologia, atua como psicóloga, terapeuta familiar e de casais, supervisora clínica, professora e palestrante. Autora de *Eduque seu filho, nisso há esperança, Saúde Pastoral* e *Mutualidade*. Colunista nos portais GUIA-ME e RIC MAIS. Membro da Igreja Batista do Bacacheri.

"Eu sou escolhida para escutar e cuidar das dores da alma e das dinâmicas relacionais!"

Alegria em meio ao deserto

Que Deus, a fonte de esperança, os encha inteiramente de alegria e paz, [...], de modo que vocês transbordem de esperança...”

ROMANOS 15:13

Na Bíblia, o deserto é onde Deus molda corações e revela Sua presença. Ali, a verdadeira alegria floresce, não como a felicidade passageira do mundo, mas como fruto do Espírito Santo. No hebraico, alegria pode ser *simcha* (júbilo e contentamento) ou *sason* (regozijo vibrante). Mais que palavras, ela nasce da comunhão com o Senhor, sustentando o coração mesmo na dor.

Moisés caminhou pelo deserto por décadas, primeiro como pastor de ovelhas, depois liderando Israel (Êxodo 3). Sua maior alegria não estava na terra prometida, mas na certeza de que o Senhor estava com ele: “Se não nos acompanhares pessoalmente, não nos faças sair deste lugar” (Êxodo 33:15). Essa confiança transformava o deserto em um lugar de esperança.

Ana, em seu deserto emocional, enfrentou a dor da esterilidade e da humilhação (1 Samuel 1). Derramando seu coração no templo, encontrou alegria antes mesmo do milagre, pois o Senhor ouviu seu clamor: “Meu coração se alegra no SENHOR!” (1 Samuel 2:1). Sua história mostra que a alegria nasce da entrega a Deus.

Paulo, preso e limitado, escreveu aos Filipenses: “Alegrem-se sempre no Senhor. Repito: alegrem-se!” (Filipenses 4:4). Ele descobriu que a alegria vem de Cristo, não da ausência de dificuldades. Mesmo na prisão, seu coração cantava.

Talvez você esteja nesse exato momento em uma situação realmente desafiadora, ou já tenha passado por algo assim. Qual é a sua postura diante de Deus nesse momento? Convido você a, assim como Moisés, Ana e Paulo, confiar, clamar e cantar ao Senhor!

- LEIA: Filipenses 4:4-13; Salmo 16:8-11

- REFLITA: Que situações ensinaram que a verdadeira alegria vem da presença do Senhor, e não das circunstâncias?

- VIVENCIE: Quais passos você dará esta semana para buscar a alegria do Espírito em momentos de dificuldade?

Ouça Meu universo, de PG

O que traz alegria ao seu coração em dias difíceis? Já sentiu a presença do Senhor em um momento de solidão?

Amado Deus, guia-nos à Tua presença, onde há alegria verdadeira. Nos desertos da vida, enche-nos com a paz do Teu Espírito. Ajuda-nos a confiar em Ti e a encontrar força para louvar, mesmo na dor. Que nosso coração exulte em Ti. Em nome de Jesus, amém.

ALVILENE MOREIRA TOBIAS @vi_tobias

Mora em Curitiba, é esposa do Augusto e mãe da Sarah e da Alice. Atua como gestora de pessoas e vendas, é estudante de Teologia, escritora, capelã e apaixonada por missões e evangelismo. Serve no Ministério Mulheres Escolhidas e influencia mulheres nas redes sociais há mais de 5 anos.

"Eu sou escolhida para amar, cuidar e inspirar mulheres a viverem com propósito, fé e renúncia, proclamando o Evangelho e sendo instrumento de transformação para a honra e glória de Deus!"

A alegria que se sustenta pela fé

Alegrem-se sempre no Senhor.
Repito: alegrem-se! FILIPENSES 4:4

O apóstolo Paulo escreveu a carta de Filipenses enquanto estava preso, cercado por incertezas e limitações. Ainda assim, sua exortação não era de lamento, mas de alegria. Isso nos mostra que a verdadeira alegria não depende das circunstâncias, mas da fonte que a gera: o próprio Senhor.

"Alegrem-se sempre no Senhor" (4:4) não é uma sugestão otimista, mas uma convocação espiritual. Não se trata de negar as dores da vida, mas de decidir confiar em Deus apesar delas. A alegria em Deus é, na verdade, uma decisão de fé, não uma simples reação emocional. Ela revela um coração firmado na soberania, na bondade e no cuidado do Senhor.

Ao longo da caminhada cristã, é comum ouvir: "Seu sorriso é único", "Você está sempre alegre" ou "Sua alegria contagia". Essas palavras, ainda que carinhosas, não revelam o quanto essa alegria é sustentada pela fé. Em muitos momentos, ela nasceu de batalhas silenciosas, de lágrimas entregues no altar, de uma vida alinhada com o Céu. Não é uma alegria superficial, mas fruto do Espírito, que brota do relacionamento com Deus.

Essa alegria é resultado de um coração que encontrou abrigo na graça. É a celebração do relacionamento com Cristo, mesmo quando há lágrimas nos olhos. Quando a alma se alegra no Senhor, encontra força para prosseguir, ânimo para servir e leveza para viver.

Paulo insiste: "Repito: alegrem-se" (v.4), como quem sabe que essa alegria será constantemente ameaçada. Por isso, ela deve ser cultivada com intencionalidade, protegida com oração e regada pela Palavra. O inimigo sabe do poder que há em um coração alegre; por isso, tentará roubá-la sempre que possível.

O fruto do Espírito foi dado para que a vida espiritual esteja alinhada com a vontade de Deus, como uma conexão viva entre Céu e coração. Ele é mais do que uma evidência exterior; é uma marca interior de quem anda no Espírito.

A alegria do Senhor não é barulhenta, mas profunda. Não é frágil, mas resistente. E mais: caminha de mãos dadas com as demais características do fruto do Espírito (Gálatas 5:22), pois uma vida cheia do Espírito produz alegria, mesmo em tempos difíceis.

Ouça Digno de tudo, de Gabriela Maganete e Gabi Sampaio

Você já percebeu como a alegria em Deus pode permanecer mesmo quando as circunstâncias são desafiadoras?

- LEIA: Salmo 16:11

- REFLITA: Que momentos da sua vida evidenciaram uma alegria que não vinha das circunstâncias, mas da presença constante do Senhor?

- VIVENCIE: Quais passos você dará para proteger e cultivar a alegria do Senhor, mesmo diante de pressões externas?

Senhor, que a Tua alegria seja a força que sustenta os nossos dias. Ensina-nos a confiar em ti, mesmo quando tudo parece contrário. Livra-nos de depender do que é passageiro e firma nossos pés na Tua presença. Que essa alegria, fruto do Teu Espírito, nos transforme. Em nome de Jesus. Amém.

ZULEICA DE SALES E SILVA @zuleicasales

Mora em Curitiba, é esposa do Pr. José Deolindo, mãe de Thalita e Pedro, avó da Maria e da Helena. Em formação IFD em Psicanálise e Teologia no Seminário Kerigma, empreendedora. Membro da Igreja Batista Atitude, pastora que discipula.

"Eu sou escolhida para amar, cuidar, encorajar e formar discípulas!"

A verdadeira alegria

Tu me alegras, S*ENHOR*, *com tudo que tens feito; canto de alegria por causa de tuas obras.* SALMO 92:4

No Salmo 92, o salmista declara que se alegra com tudo o que Deus tem feito, a ponto de cantar de alegria por causa das obras do Senhor (v.4).

Quando paramos para refletir, percebemos que são inúmeros os motivos que temos para nos alegrar por aquilo que Deus tem feito em nossa vida: a começar pela própria vida, passando pela salvação, família, igreja, amigos, provisão, as flores desabrochando no jardim, o som da chuva no telhado, o cheiro de bolo da cozinha...

Deus trabalha com discreta perfeição, e se faz percebido e apreciado por aqueles que querem verdadeiramente enxergá-lo. A Sua Palavra diz que "Deus faz todas as coisas cooperarem para o bem daqueles que o amam e que são chamados de acordo com seu propósito" (Romanos 8:28). Portanto podemos nos alegrar mesmo em meio às dificuldades e doenças, confiando que Deus permanece no controle, e que tudo vai dar certo, ainda que não acabe como nós queríamos ou imaginávamos.

É libertador aprender a se alegrar em Deus por quem Ele é e por saber que estaremos com Ele por toda a eternidade! Jesus disse que devemos nos alegrar porque nossos "nomes estão registrados no céu" (Lucas 10:20).

A alegria verdadeira faz parte do fruto do Espírito. E essa não é uma alegria provocada pelo pecado nem mesmo por coisas lícitas externas, mas uma alegria perene, gerada pela presença do Espírito Santo em nós. Claro que também há tempo de chorar, mas, mesmo no choro e na dor, nosso espírito pode se alegrar em Deus.

A gratidão anda junto com a alegria. Pesquisas mostram que a gratidão é algo a ser aprendido e exercitado. A Bíblia já nos orienta a sermos "gratos em todas as circunstâncias" (1 Tessalonicenses 5:18). Portanto, se você é uma pessoa que não vê motivos para alegrar-se, comece a praticar a gratidão. Em breve você se alegrará por pequenos detalhes que encherão sua vida da alegria do Espírito Santo.

Eu acredito sinceramente que Deus é alegre! Se assim não fosse, Ele não nos daria a ordem: "Alegrem-se sempre no Senhor" (Filipenses 4:4)!

Ouça Aquieta minh'alma, de Ministério Zoe

Você se considera uma pessoa alegre? O que causa alegria em você?

- LEIA: Salmo 92:1-15; Salmo 118:15-29

- REFLITA: Você tem percebido os inúmeros motivos que tem para alegrar-se com tudo que Deus tem feito em sua vida?

- VIVENCIE: O que a alegra está relacionado a Deus ou ao pecado? Você está disposta a abandonar o pecado e a buscar a presença de Senhor? Que tal listar seus motivos de gratidão?

Pai querido, eu te agradeço por todas as Tuas obras, que são perfeitas e maravilhosas. Peço que o Senhor nos ajude a perceber e a nos alegrar com tudo o que o Senhor tem feito, e que possamos aceitar a Tua santa vontade como quem aceita um presente. E que assim glorifiquemos ao Senhor, em nome de Jesus!

FERNANDA MENEZES PROENÇA @fernandamproenca

Mora em Curitiba, é esposa do Rogério e mãe da Julia. Atua como diretora executiva no setor gráfico. Serve na Igreja Batista do Bacacheri, no ministério IBB Kids.

"Eu sou escolhida para ser uma voz de intercessão a Deus pelos povos, pessoas e causas!"

Notas

Notas

Paz

Mas o Espírito produz este fruto: amor, alegria,
paz, paciência, amabilidade, bondade, fidelidade, mansidão
e domínio próprio. Não há lei contra essas coisas!

GÁLATAS 5:22-23

Chamadas para viver a paz de Cristo

Eu lhes deixo um presente, a minha plena paz. E essa paz que eu lhes dou é um presente que o mundo não pode dar. Portanto, não se aflijam nem tenham medo. JOÃO 14:27

Se perguntarmos a alguém o que é a paz, provavelmente dirá uma sensação de tranquilidade, calmaria e quietude. Para muitas pessoas, viver em paz significa a ausência de guerras, conflitos e desavenças, seja nas relações familiares, em grupos sociais, ou ainda entre as nações. Há quem afirme que, ao estar em um ambiente organizado e harmonioso ou ao contemplar uma bela paisagem, sente uma verdadeira sensação de paz.

De fato, a ordem externa pode trazer alívio e bem-estar, no entanto, a paz produzida em nós pelo fruto do Espírito Santo transcende essa tranquilidade momentânea. Ela é profunda, constante e independente das circunstâncias.

Em João 14, Jesus conforta Seus discípulos com a promessa de que enviará o Conselheiro, o Espírito Santo, e declara que lhes deixará a Sua paz. A paz que temos em Jesus Cristo não significa vivermos em meio a circunstâncias sempre tranquilas, favoráveis e calmas. Mesmo em desafios, experimentaremos tranquilidade e serenidade em nosso coração. Em Jesus temos a paz que o mundo não pode nos oferecer, uma expressão da plenitude que viveremos na eternidade.

Estamos vivendo um tempo em que inúmeras vozes ecoam ao nosso redor, oferecendo soluções para tudo, causando uma confusão em nossa mente, que se intensifica com a influência das redes sociais. Por vezes, temos a sensação de que todos estão tentando reinventar a roda.

Nesses momentos, precisamos entregar nossos pensamentos ao Senhor e silenciarmos interiormente para conseguirmos ouvir a voz do Pai. Em meio a tantas vozes, apenas a dele nos acalma.

No Salmo 37:4 lemos: "Deleite-se no SENHOR e Ele atenderá aos desejos do seu coração" (NVI). Quando os nossos desejos estão alinhados aos propósitos do Senhor para nossa vida, encontramos a verdadeira paz, pois passamos a querer aquilo que Deus já preparou para nós.

Ouça Seguro, de Projeto Sola

Quando você pensa em paz, o que vem à sua mente?

Para desfrutarmos plenamente desse precioso presente que o Senhor, em Sua graça, nos concedeu, precisamos entregar nossa vida inteiramente a Ele. Em meio às aflições, é na oração e leitura diária da Sua Palavra que encontraremos consolo e direção. Assim, desenvolveremos um relacionamento profundo e intenso com Deus, aprendendo a discernir Sua doce voz e a sermos envolvidas pela suave paz do Espírito Santo.

- LEIA: Isaías 26:3-4

- REFLITA: Em meio à correria do dia a dia, tenho permitido que a paz do Espírito Santo acalme meu coração, ou tenho tentado controlar tudo com minhas próprias forças?

- VIVENCIE: O que posso colocar em prática nessa semana para desfrutar da paz de Jesus em meio aos desafios diários?

Senhor, eu te agradeço pela paz que só o Teu Espírito pode trazer ao meu coração. Ajuda-me a confiar plenamente no Teu cuidado. Renova a minha fé para que eu possa desfrutar da Tua paz. Em nome de Jesus, amém.

INDIANARA KURTES MORAES @indikurtes.organizer

Mora em Curitiba, é esposa do Tato e mãe do André e do Daniel. Formada em Administração de Empresas e atua como *personal organizer*. Serve na Igreja Batista do Bacacheri, no Ministério de Educação Cristã e como líder de Pequenos Grupos Multiplicadores.

"Eu sou escolhida para servir famílias, compartilhando experiências, fé e esperança, proporcionando leveza e equilíbrio aos lares, unindo propósito e organização!"

Paz em meio às aflições

Eu lhes falei tudo isso para que tenham paz em mim. Aqui no mundo vocês terão aflições, mas animem-se, pois eu venci o mundo. JOÃO 16:33

Em sua segunda carta aos Coríntios, Paulo relata o sofrimento pelo qual ele e seus companheiros passaram na Ásia: "Irmãos, queremos que saibam das aflições pelas quais passamos na província da Ásia. Fomos esmagados e oprimidos além da nossa capacidade de suportar, e pensamos que não sobreviveríamos" (2 Coríntios 1:8). A situação era desesperadora ao ponto de esperarem a morte (v.9).

Muitas vezes passamos por lutas e aflições que achamos que não vamos suportar, então o Senhor vem com Sua presença santa, com Seu bálsamo curador, e nos enche da "paz de Deus, que excede todo entendimento" (Filipenses 4:7), que ultrapassa os limites da nossa compreensão. No mundo em que vivemos estamos sujeitas a dores, tristezas, aflições, doenças, morte de entes queridos, divórcios, problemas de relacionamentos, enfim, situações que tendem a nos tirar a paz.

Certo dia, meu telefone tocou e, do outro lado da linha, o socorrista do SIATE dizia que meu esposo havia sofrido um acidente e estava sendo levado ao hospital. Imediatamente e com o coração acelerado, fui ao hospital e, ao ver meu esposo, fiquei chocada: não pude reconhecê-lo a não ser pelas roupas, pois eram muitos os hematomas e cortes profundos em seu rosto e em sua cabeça. Enquanto o levavam para fazer uma tomografia, entre lágrimas fiz uma oração de entrega. Não sabia se teria meu esposo de volta; eu clamei por vida, mas eu sabia que a vontade de Deus era e é, acima de tudo, perfeita. Se o Senhor o levasse naquele dia, com certeza iria me sustentar nos Seus braços cheios de amor para que eu suportasse tamanha dor.

Naquele momento uma dor profunda se abateu sobre mim, mas, enquanto eu chorava em silêncio, Ele encheu meu coração de tão grande paz, que eu comecei a cantarolar baixinho, pelos corredores do hospital. Hinos de louvor e honra brotavam do meu coração. O Senhor preservou a vida do meu esposo e hoje ele apresenta pouquíssimas sequelas.

Paz não é ausência de problemas, de conflitos ou aflições, mas um estado interior de tranquilidade e harmonia com Deus e com o próximo, mesmo diante das adversidades. Dentro de nós, a paz é uma arma poderosa nos momentos da tempestade. Essa paz é capaz de nos fazer andar pelo vale da aflição, atravessarmos desertos e seguirmos em frente, entendendo os propósitos e projetos que Ele tem para nós.

Ouça A paz é uma promessa, de Ton Molinari

Você já viveu um momento de aflição profunda, de caos na sua vida?

- LEIA: João 16 e João 14:27

- REFLITA: Como tem enfrentado as aflições da vida? Você tem descansado no Senhor? As tempestades têm tirado sua paz ou você permanece calma, independente das ondas agitadas da vida?

- VIVENCIE: Quais passos você dará nesta semana para encontrar a paz de Cristo em meio às aflições? Faça uma lista de versículos que falem sobre a paz de Cristo e medite neles.

Deus, conheces meu coração e sabes como meu coração está aflito, pois é na Tua presença que tenho chorado. Pai, encha meu coração da Tua paz superabundante e acalma meu coração. Que, mesmo em meio ao sofrimento, eu te honre. Amém!

ROSELI AGOSTINHO GETÃO @roseliagostinhogetao

Mora em Curitiba, é esposa do Pr. Eduardo e mãe da Carla, Marcelo e Mariane. Graduada em Pedagogia e pós-graduada em Educação Especial. Professora aposentada na rede municipal de ensino e coordenadora das Mulheres Cristãs em Missão da grande Curitiba. Missionária aposentada, hoje serve na Igreja Batista Esperança, em São José dos Pinhais.

"Eu sou escolhida para despertar e conduzir mulheres a buscarem um relacionamento mais íntimo com o Senhor!"

Pacificadoras, as filhas de Deus

Felizes os que promovem a paz,
pois serão chamados filhos de Deus. MATEUS 5:9

A paz é um bem poderoso. Caríssimo. Exige mais que silêncio — exige renúncia da alma. Em Mateus 5:9, Jesus não honra os que fogem do conflito, mas os que entram nele com mansidão. O termo grego *eirēnopoioi* refere-se a construtores ativos da paz. As pacificadoras são pontes entre o Céu e as pessoas. São chamadas filhas de Deus porque andam como o Filho andou — reconciliando.

Em 1 Samuel 25, Abigail é exemplo vivo dessa postura. Diante da ira de Davi, ela intervém com sabedoria, impede o derramamento de sangue e escolhe a paz em vez da razão. Ela não apenas protege sua casa, mas honra o Reino. Muitas mulheres hoje enfrentam seus próprios "Nabais": relações duras, palavras afiadas, silêncios que ferem. Mas o Espírito sussurra: "Escolha a paz!"

Há um esforço contínuo, intencional e construído diariamente pela paz. Efésios 4:2-3 nos convida a viver com humildade e mansidão, fazendo todo o esforço pela unidade no Espírito. Paz não nasce do acaso. Ela é cultivada, regada com oração e firmada em renúncia. A cruz foi o altar definitivo da reconciliação. Todo pacificador trilha esse mesmo caminho — ama até doer, cede quando é justo, e cala quando é sábio.

A paz que vem do Espírito não é passividade, mas uma expressão sobrenatural de Deus em nós, o Príncipe da Paz, que também é o Senhor dos Exércitos (nomes de um mesmo Deus que faz tudo para estabelecer a paz). Ser pacificadora é glorificar a Deus, mais do que vencer uma discussão. É ceder onde o mundo manda confrontar, perdoar quando todos dizem para romper. É estender a mão e construir pontes.

Pacificadoras não são frágeis. São filhas fortes, moldadas pelo Espírito. Suportam, intercedem, semeiam vida onde poderiam devolver dor. Por isso, Jesus as chama de filhas de Deus, pois elas revelam o coração do Pai.

Ouça Tu És Tudo, de Alessandro Vilas Boas

Você já viu uma reconciliação improvável acontecer?

- LEIA: Lucas 6:35 e Romanos 8:16

- REFLITA: Você tem feito "todo o esforço" para conservar o vínculo da paz? Em quais áreas o Espírito chama você a ceder, calar ou perdoar?

- VIVENCIE: Quais ações práticas e intencionais você tem feito para estabelecer a paz?

Príncipe da Paz, ensina-me o caminho da paz. Dá-me coragem para renunciar à minha razão e abraçar a reconciliação. Que o Teu Espírito faça florescer em mim Teu fruto. Em nome de Jesus, amém.

MEG SALGADO @megsalgadosilva

Mora em Curitiba, é casada com o Pr. Wavison. Mãe do Lucas e da Ingrid. Cursou Direito, é graduada em Teologia, pós-graduada em Aconselhamento Pastoral e Gestão de Conflitos. Acadêmica de Psicologia. Sirvo ao meu lar e como pastora líder do Ministério de Mulheres Wonders e Ministério de libertação, na Igreja Batista Alameda. Organizadora e coescritora do Devocional Wonders.

"Eu sou escolhida para levar Libertação e Cura, transformando pessoas e lugares, estabelecendo o Reino de Deus!"

A paz que excede todo o entendimento

Então vocês experimentarão a paz de Deus, que excede todo entendimento e que guardará seu coração e sua mente em Cristo Jesus. FILIPENSES 4:7

Quando meu mundo desabou, a paz não veio com explicações. Ela veio com presença. No dia mais escuro da minha vida, quando me despedi do meu filho, algo sobrenatural aconteceu. Não estou dizendo que não doeu — doeu e ainda dói. Mas, naquele momento, algo além de mim me envolveu. Era como se Deus tivesse me abraçado por dentro.

Mesmo sem entender, eu confiava. Mesmo sem forças, eu cria. Não era negação, nem heroísmo espiritual. Era a paz que só pode vir de um lugar onde o controle não é meu. Essa paz não tirou a saudade, mas tirou o desespero. Não calou o choro, mas sustentou meus joelhos.

Eu descobri que fé não é explicar a dor, é permanecer mesmo quando o chão some. As pessoas esperam ver em quem sofre uma fé que vacila, e tudo bem se for assim. Mas há momentos em que o Céu nos surpreende com algo que não fabricamos. Algo que não é emocional, é espiritual. Foi isso que eu recebi. Paz. No vale. No luto. No amor.

E com o tempo, fui entendendo: essa paz não é um ponto final, é um refúgio contínuo. Um lugar onde sou levada quando tudo em mim se cala. Não é ausência de dor, é certeza de amparo. É uma esperança que não grita, mas sussurra firme: "Você não está só."

Hoje eu sei — essa paz não é frágil como a nossa. Ela é forte. Não porque vem de mim, mas porque vem dele. Não depende de um cenário favorável, mas de uma presença constante. Ela não me fez esquecer, mas me ensinou a lembrar com doçura. A viver com saudade, mas sem desespero.

Essa é a paz que excede todo entendimento.
E ela tem nome:
Jesus.

- LEIA: João 14:27; Isaías 26:3
- REFLITA: O que significa, para você, experimentar a paz de Deus no meio da dor? Qual área da sua vida você precisa hoje, dessa paz que excede todo entendimento?
- VIVENCIE: Tire hoje alguns minutos para silenciar a alma. Respire fundo e diga com sinceridade: "Senhor, eu não entendo, mas confio".

Ouça De um jeito ou de outro, de Thamires Garcia

Você já viveu algo tão doloroso que parecia impossível respirar direito? Já se perguntou se seria possível confiar em Deus mesmo quando tudo em você grita por respostas?

Jesus, mesmo sem entender, eu me rendo. Guarda-me com a Tua paz — que silencia o caos e acalma a alma. Quando a dor apertar, permaneça comigo. Quando as palavras faltarem, ouça até o meu silêncio. Quando eu não souber o que pedir, interprete minhas lágrimas. Ensina-me a descansar em ti, mesmo quando tudo à minha volta desaba. Que a Tua presença me envolva. Renovas minha fé. Firma meus pés e lembra-me que Tu és Deus — mesmo no luto, no vale e na ausência. Que Teu abraço silencioso sustente meus passos em nome de Jesus, amém.

ANDRÉIA SANTOS @anddreia_santos

Mora em Curitiba, é esposa do Roberto e mãe de Robson, Roberta, Robert e Ronald, que já está com o Senhor. É graduada em Teologia, Pastora, comunicadora com experiência em rádio e psicanalista em formação. Integra a Igreja Batista da Lagoinha em Curitiba.

"Eu sou escolhida para restaurar identidades feridas por meio da proclamação do evangelho, do cuidado intencional e do aconselhamento cristão!"

Encontros intencionais de paz

"Paz seja com vocês! Assim como o Pai me enviou,
eu os envio". Então soprou sobre eles e disse:
"Recebam o Espírito Santo." JOÃO 20:21-22

Quando percebo Deus se comunicando comigo pela Sua palavra, dedico muita atenção ao texto que estou lendo. Escrevo o meu nome ao lado do versículo, destaco a data, escrevo uma oração. Como amo identificar apontamentos assim em minha Bíblia. O que você acha de reler o verso acima incluindo-se nele? *[Seu nome], paz seja com você... eu a envio... receba o Espírito Santo.*

No outono de 2021, pouco antes de completar um ano que nossa família havia passado pelo "vale da sombra da morte" na pandemia, lá estava eu, como capelã coordenadora do serviço de cuidado espiritual do maior hospital da América Latina, em leitos exclusivos de UTI na Covid-19, guerreando em prol da vida.

Em meio à guerra pela vida, vivida tão intensamente nas nossas Unidades de Tratamento Intensivo, profissionais da saúde, pacientes, familiares e o mundo todo precisavam de paz. Paz de Deus; paz do Senhor; graça e paz; paz e bem; *shalom*. Todos ansiavam por saúde e paz. Na linguagem técnica, queriam bem-estar biopsicossocial e espiritual, em que o corpo, a alma, as relações e a conexão com o Eterno estão bem. Do lado de cá, na casa do cuidado, cada paciente refletia um pouco de nós: tinham medo, incertezas, preocupações, falta de ar e uma busca constante pelo transcendente.

Lembro que recebemos no hospital uma senhora muito querida, professora de sociologia, filosofia e artes em Curitiba, com 75% do pulmão comprometido. Tinha irmãos, mãe idosa, filho, outros familiares e amigos. Ela era uma de nós.

Sua família encontrou alívio no acolhimento espiritual oferecido pela capelania. Já estavam em luto desde o ano anterior, após o falecimento de familiares por complicações decorrentes da Covid-19.

Ouça Enquanto oro, de Marsena

Você já leu algum texto bíblico que se destacou, falando diretamente ao seu coração?

Os áudios trocados entre capelania e a família registravam momentos afetivos, carregados de esperança e amor. Até que identificamos uma mensagem diferente no *whatsapp* e uma chamada telefônica da UTI onde ela estava internada. Na mensagem, algo como "O hospital nos chamou para levar os documentos da nossa querida. Estamos aqui."

Nosso coração acelerou. Os pés se apressaram. Ao chegarmos, a porta do quarto estava entreaberta e todos estavam tomados por uma sensação de reverência. Observamos que um lençol cobria o rosto de quem estava no leito. Aquietamos a alma, respiramos, caminhamos. Ao descobrirmos quem o lençol cobria, contemplamos o semblante sereno daquela linda mulher.

Não contivemos as lágrimas. Era ela ali, mas também éramos nós. Nos dias anteriores àquele, havíamos conversado com a paciente sobre sonhos, realizações, família, trabalho, Deus. Vida! Enquanto escrevo essa reflexão, revisito outras experiências daquele *kairós*. Histórias vivas. Nossas histórias. Presença viva. Morte e ressurreição. Paz!

Após Sua ressurreição, Jesus foi ao encontro dos discípulos reunidos a portas fechadas (João 20:19-23). Estavam com medo porque Jesus tinha morrido, mas depois se alegraram com a presença do Cristo ressurreto. Jesus ministra a paz soprando o Seu Espírito. Ele os envia — e a nós também — como pacificadores.

Naquele quarto de hospital, quis ter fé para dizer: "Querida, levante-se." Constrangida, percebi que não conseguia. Em lágrimas, percebi Deus falando comigo: *Não precisa, Érika, ela está bem*. Escutei duas vezes. *Não precisa, ela está bem*. Compreendi. Ela fora acolhida nele: o abrigo da paz! E eu, também. Em silêncio fui acolhida neste lugar: Jesus. Então me despedi com um beijo e a esperança do reencontro, declarando: "Até breve, minha irmã". Na sequência, pude transbordar desta experiência em paz aos seus familiares e amigos amados.

- LEIA: Mateus 25:34-40; Isaías 53: 4-5; Efésios 2:14-17;
  1 Coríntios 15:12-20,58; Apocalipse 21:3-4

- REFLITA: O que torna possível estar em paz diante de cenários extremos, como a morte?

- VIVENCIE: Agregue às suas orações os que estão doentes. Promova visitas de paz. Considere perguntar a Jesus quem Ele gostaria que você visitasse neste momento.

Amado Príncipe da paz, como te agradecer
pelo Teu sopro de vida, sentido e missão?
Mova-nos ao encontro dos que sofrem como
mulheres escolhidas, embaixadoras do bem,
da vida e da paz.

ÉRIKA CHECAN @erika.checan

Mora em Curitiba, é esposa do Jacob e mãe da Silvia e Davi. Mestranda em Teologia, pós-graduada em Cuidados Paliativos, graduada em Música Sacra e em Musicoterapia. Atua no ministério pastoral há 35 anos e na Primeira Igreja Batista de Curitiba, onde serve em diversas áreas e, desde 2015, implantou o serviço de cuidado espiritual da ELO Capelania do Hospital do Rocio.

"Eu sou escolhida para gerar, cuidar, acolher e amar, gerando memórias afetivas e experiências de fé, ressignificando momentos com a graça e compaixão de Cristo!"

Notas

Paciência

Mas o Espírito produz este fruto: amor, alegria, paz, paciência, amabilidade, bondade, fidelidade, mansidão e domínio próprio. Não há lei contra essas coisas!

GÁLATAS 5:22-23

O exercício de esperar em paz

Pois sua ira dura apenas um instante, mas seu favor, a vida inteira! O choro pode durar toda a noite, mas a alegria vem com o amanhecer. SALMO 30:5

A vida é cheia de momentos em que a espera se torna um exercício de fé. Esperar requer paciência, que, nos dias de hoje, tornou-se uma virtude rara. É nesta situação que a longanimidade se torna importante. A longanimidade ultrapassa a simples paciência: é suportar uma situação difícil, sempre estando com o Senhor. Quem nunca enfrentou períodos difíceis, em que nossa única opção é confiar, manter a fé e a esperança no tempo de Deus? Você passou ou está passando por algo parecido?

Quando Paulo escreve aos Gálatas, ele apresenta a longanimidade como parte do fruto do Espírito. Isso significa que não se trata de uma virtude reservada a cristãos "mais espirituais", mas de uma marca visível da vida de quem se deixa conduzir pelo Espírito Santo. Essa virtude não nasce de nossa força de vontade, mas do agir de Deus em nós. É fruto de uma vida rendida, em que o Espírito tem liberdade para moldar o caráter à imagem de Cristo.

Falo com propriedade sobre essa experiência. Em minha jornada pessoal, vivi a necessidade dessa virtude de maneira profunda. Em 2019, recebi o diagnóstico de câncer de mama. Sendo médica ginecologista, conhecia de perto a gravidade da doença e já havia acompanhado muitas pacientes em situações semelhantes — algumas venceram, outras não. Olhava para meu esposo e meus filhos, um com 8 e outro com 5 anos, sem saber por quanto tempo ainda os veria. Enfrentei o diagnóstico, exames, biópsias, duas cirurgias para retirada das mamas, quimioterapia por cinco anos, remoção do útero e ovário, reconstrução mamária, efeitos colaterais intensos, dores e um cansaço profundo. Mesmo com todos os avanços da medicina, a minha verdadeira segurança estava em Deus. Foi Ele quem me sustentou. Aprendi, naquele processo longo e doloroso, que esperar em paz só é possível quando confiamos plenamente no Senhor.

Ouça Eu cuido de ti, de Amanda Wanessa

O que torna a espera difícil? Você tem facilidade em esperar?

Viver a longanimidade atualmente é um desafio constante. Vivemos em uma sociedade imediatista, na qual tudo precisa ser rápido e eficiente. Esperar é muitas vezes visto como perda de tempo, e ser paciente pode parecer sinal de fraqueza. No entanto, o Espírito Santo nos chama a desacelerar interiormente, a confiar no tempo de Deus e a permanecer firmes, mesmo quando tudo ao redor parece estagnado. Em 2 Pedro 3:9 lemos: "o Senhor não demora em cumprir sua promessa, como pensam alguns. Pelo contrário, ele é paciente por causa de vocês. Não deseja que ninguém seja destruído, mas que todos se arrependam."

Quantas vezes sentimos vontade de desistir diante das dificuldades? No entanto, o fruto do Espírito nos ensina a amar, orar, suportar e esperar. Isso também se aplica aos nossos sonhos e projetos. Deus, muitas vezes, planta sementes em nosso coração que levam tempo para germinar. Se não formos perseverantes, corremos o risco de abandonar o que Ele mesmo nos confiou. Jeremias 17:8 nos oferece uma imagem inspiradora: "É como árvore plantada junto ao rio, com raízes que se estendem até as correntes de água. Não se incomoda com o calor, e suas folhas continuam verdes. Não teme os longos meses de seca, e nunca deixa de produzir frutos."

Ninguém nasce naturalmente paciente. A paciência é um fruto que precisa de tempo para amadurecer. É algo que se cultiva com cuidado, constância e entrega. À medida que caminhamos com Deus e permitimos que Ele aja em nosso interior, vamos nos tornando mais parecidos com Cristo. Cada situação que exige paciência é uma oportunidade de sermos moldados. Cada vez que escolhemos esperar com fé e amor, estamos permitindo que o fruto do Espírito cresça em nós. Como Tiago 5:7 orienta: "Portanto, irmãos, sejam pacientes enquanto esperam a volta do Senhor".

- LEIA: Filipenses 4:6-7; Mateus 6:31-34

- REFLITA: Existe alguma área da sua vida onde Deus está lhe ensinando a ter paciência? Você permite que o Espírito Santo molde seu coração ou tenta fazer do seu jeito? Como mostrar mais paciência com os outros?

- VIVENCIE: Nesta semana, teste a sua paciência: seja no trânsito, no trabalho, em casa ou em relacionamento difícil, ao invés de reagir com irritação ou ansiedade, pare, respire e ore. Peça ao Espírito Santo: "Senhor, produz em mim o fruto da paciência".

Senhor, reconheço que sou impaciente. Quero aprender contigo a esperar em amor, viver com serenidade e confiar no tempo perfeito. Peço que o Espírito Santo produza em mim o fruto da longanimidade. Que eu seja paciente nas dificuldades e nas esperas que a vida impõe. Faz de mim um reflexo da Tua paciência. Em nome de Jesus, amém.

MARIA ISABEL DA ROCHA LOURES CUNHA

Mora em Curitiba, é esposa do Juliano e mãe do Bernardo e do Fabrício. Médica ginecologista, com especialização em gestação de alto risco e medicina fetal. Serve na Igreja Batista do Bacacheri, como líder de pequenos grupos multiplicadores. Serve como voluntária na Capelania prisional em Piraquara, fazendo atendimento médico às mulheres privadas de liberdade.

"Eu sou escolhida para cuidar da saúde física, emocional e espiritual de mulheres, e para servir como instrumento de Deus em suas vidas!"

A espera que transforma

...mas, se esperamos por algo que ainda não temos, devemos fazê-lo com paciência e confiança. ROMANOS 8:25

Paciência é a qualidade de esperar, suportar sem reclamar. Mas nem sempre isso é fácil, ainda mais quando temos expectativas, sonhos e planejamentos em nossas mentes e corações. Queremos respostas imediatas, soluções prontas, sem ao menos passar pelo processo da espera, que permite o agir de Deus em nossas vidas e que transforma nosso coração.

Esperar em Deus é um exercício profundo e difícil porque nem sempre teremos respostas imediatas, mas sim um tempo de aprendizagem, liberação de perdão, cura interior, de uma limpeza profunda e transformadora realizada por um Pai amoroso e fiel, que quer nos dar raízes profundas e nos fazer frutíferas por onde andarmos.

E Sua fidelidade não depende do nosso entendimento, Ele apenas deseja nos transformar em mulheres confiantes na Sua palavra, pois Deus sempre cumpre o que promete. Ele não se esqueceu. Ele não nos abandonou. Ele está trabalhando de formas que não vemos, e mais ainda: está nos tornando semelhantes a Cristo no processo, pois muitas de nós queremos que Deus mude as circunstâncias das nossas vidas, mas o que Ele quer mesmo é mudar o nosso interior e nossa visão diante das circunstâncias.

Ele nos convida a caminhar sem enxergar, para que possamos confiar nele e aprender que a paciência abre a nossa visão limitada, nos aprofunda na fé e nos faz entender que somente com Ele é possível uma caminhada em paz e feliz no tempo da espera.

Podemos encontrar na Bíblia mulheres que se mantiveram firmes na presença do Senhor enquanto esperavam pacientes pela promessa. Como Ana, mãe do profeta Samuel; Sara, mãe de Isaque; e até mesmo Maria, mãe de Jesus. Você, eu, e tantas mulheres em que o Senhor deseja trabalhar a virtude da paciência para nos enraizar e confiar nele, naquele que tem o controle do tempo, que faz parar o Sol, que acalma o vento e cessa a tempestade.

Não deixe que o processo da espera esfrie seu coração, mas sim que seja um lugar secreto cheio de paz e confiança em Deus.

Ouça Melhor lugar, de Felipe Rodrigues

Quantas vezes você já precisou esperar por algo? Quantas vezes oramos, pedimos, esperamos e o céu parece estar em silêncio?

- LEIA: Romanos 5:3-4 e 8; Lucas 8:15; 1 Samuel 1 e 2:1-10

- REFLITA: Por que tendemos a ver a paciência como um tempo de sofrimento e não como um processo de transformação do Senhor em nós?

- VIVENCIE: Como você tem se posicionado diante do seu processo de paciência? Orando e buscando pela direção do Senhor ou murmurando o tempo de espera?

Senhor, eu entrego meu coração em Tuas mãos para que ele seja transformado por ti, ensina-me a esperar com fé, a confiar mesmo no silêncio. Mantenha meus pés firmes em Teus caminhos e meus olhos somente em ti, independente das circunstâncias em que estou vivendo. Ajude-me Pai a descansar na Tua fidelidade. Em nome de Jesus, amém.

GRAZIELA BOSS GAUDÊNCIO @grazielaboss_pediatra

Mora em Curitiba, casada com Thiago, mãe da Cecília e da Stella. É pediatra, com experiência de mais de 10 anos em UTI Neonatal, trabalha em consultório e ambulatório de pediatria de alto risco. Membro da Primeira Igreja Batista de Curitiba, servindo como intercessora.

"Eu sou escolhida para resgatar, restaurar, libertar, incentivar e curar!"

Salas de espera da vida

Alegrem-se em nossa esperança. Sejam pacientes nas dificuldades e não parem de orar. ROMANOS 12:12

Segundo o dicionário, *paciência* é a capacidade de suportar as contrariedades da vida de forma calma, serena e resignada.

Partindo do princípio de que a nossa vida é uma eterna sala de espera, precisamos desenvolver paciência em todas as áreas. Esperamos nove meses para nascer, depois esperamos cerca de quatorze meses para começar a andar, esperamos cerca de seis anos para aprendermos a ler, anos e anos para concluir uma graduação e uma eternidade para alcançar a tão sonhada aposentadoria, enfim, nossa vida se resume em "esperar". Poderia ficar horas aqui, exemplificando momentos da nossa vida que a espera se faz presente. Cabe a nós desenvolvermos paciência ou não, para vivenciar as salas de espera que a vida nos impõe.

Na palavra de Deus, temos inúmeros exemplos de paciência: Jó perdeu absolutamente tudo, foi paciente e, no final, Deus o abençoou ainda mais. Para Abraão, Deus prometeu um filho, ele esperou por muitos anos, com paciência, até que Deus lhe desse Isaque.

Podemos citar ainda Davi, que teve que esperar por anos para ser coroado Rei. Moisés, que liderou o povo de Israel por quarenta anos e, mesmo com inúmeras dificuldades no caminho, manteve-se paciente e fiel a Deus. O próprio Jesus foi o maior exemplo de paciência, Seu ministério se iniciou somente aos 30 anos, confiando seguramente nos planos que o Pai tinha para Ele.

Em Provérbios 16:1 diz: "É da natureza humana fazer planos, mas a resposta certa vem do SENHOR". Vivi exatamente isso anos atrás. Casei-me e, depois de dois anos, decidimos que era hora de ter um filho. Tentamos sem sucesso engravidar por um ano e, após esse período, começamos a investigar se tínhamos algum problema de saúde. Foi nos indicado fazer um tratamento doloroso e caro, que não resultou em êxito. Foi uma experiência bem traumática, exaustiva física e emocionalmente, mas justamente nesse

Ouça Um refrão pra sua alma, de Leandro Borges e Julia Vitoria

Paciência é uma virtude! Será mesmo? Minha querida avó dizia sempre esse ditado. E o que significa paciência?

momento decidimos esperar e confiar nos planos de Deus para a vida da nossa família. Outro ano se passou, sem nada acontecer. Então decidimos que era hora de tentar novamente, consultamos um novo médico, que nos orientou e, após uma longa conversa, decidimos iniciar um tratamento mais leve, mas dessa vez, estávamos tranquilos e em paz.

Passado um mês eu teria que iniciar o tratamento, mas, para isso, foi pedido um exame de gravidez. Para nossa surpresa, eu já estava grávida! Sim! Deus nos concedeu essa graça, mas no tempo que Ele tinha determinado para nossas vidas, naturalmente, sem nenhum tipo de tratamento. Foi uma gravidez tranquila, sem nenhuma intercorrência, tive um parto maravilhoso e dei à luz a um bebê cheio de saúde, cinco anos após meu casamento. Essa foi, sem dúvida, a experiência mais linda que vivi sobre esperar no Senhor e entender que o tempo dele é completamente diferente do nosso.

Voltando ao início do texto, paciência é uma virtude e precisa ser exercitada. Quem tem paciência geralmente conquista o que quer de uma forma sólida e tranquila. Ser paciente é diferente de ser passivo, é confiar em Deus. Mas é simples assim ser paciente? Certamente não é... encorajar o outro a ter paciência parece tão fácil, principalmente quando somos expectadores das adversidades alheias. Nas visitas voluntárias que faço semanalmente a um hospital de reabilitação, presencio essa longa espera por parte dos "pacientes" que ali se encontram, a eles só resta esperar: pela alta, pelos procedimentos, pela recuperação, enfim, esperar pode ser mais desafiador do que imaginamos.

E o que dizer da paciência de Deus conosco? Ela é vista como expressão do amor e da misericórdia em nossas vidas. Somos filhos, muitas vezes desobedientes, mimados, querendo resolver as coisas no nosso tempo e com nossas próprias forças. Em 2 Pedro 3:9 a palavra de Deus nos diz: "Na verdade o Senhor não demora em cumprir a sua promessa, como pensam alguns. Pelo contrário, ele é paciente por causa de vocês. Não deseja que ninguém seja destruído, mas que todos se arrependam".

- LEIA: Romanos 12; 2 Pedro 3:9

- REFLITA: Você consegue se lembrar de algum episódio onde Deus se mostrou extremamente paciente com você?

- VIVENCIE: Se a paciência é realmente uma virtude, como posso exercê-la em minha vida? Faça uma lista de ações que podem ajudá-la a colocar a paciência em prática.

Querido Pai, somente Tu, em Tua infinita misericórdia, podes trazer o entendimento aos nossos corações e acalento ao nosso espírito. Ensine-nos a entender que o Teu tempo é completamente diferente e sempre será o melhor para nós. Que a paz que excede todo entendimento preencha nosso coração e que possamos crer e confiar somente em ti. Em nome de Jesus, amém.

CAROL ANTONIO @carolsilvaantonio

Mora em Curitiba, é esposa do Fernando e mãe do Davi. Formada em Administração de Empresas com pós-graduação em Marketing e em Capelania, Humanização e Cuidados Paliativos. É membro da Igreja Batista do Bacacheri, servindo na Supervisão de Pequenos Grupos Multiplicadores. Voluntária da Convenção Batista Paranaense, atua na Capelania do Hospital do Trabalhador como visitadora.

"Eu sou escolhida para despertar líderes de pequenos grupos e treiná-los, bem como também para levar consolo a famílias e pacientes internados em hospitais!"

Ser paciente é não se irar!

Se alguém o forçar a caminhar uma milha com ele, caminhe duas. MATEUS 5:41

O quarto aspecto do fruto do Espírito, mencionado por Paulo na carta aos Gálatas 5:22, é a paciência, ou como diz em outra tradução, longanimidade. No original grego, a palavra é *makrothymia* e significa a pessoa que tem um longo ânimo ou um ânimo espichado ao máximo.

A longanimidade revela um aspecto do caráter de Deus. A salvação é a maior dádiva que recebemos dele. Por amor, Deus não se toma de ira contra nós toda vez que pecamos, mas, com amor imensurável, deu Seu Filho na cruz para que estivéssemos com Ele novamente. Deus não precisava, mas escolheu fazer isso. O próprio Deus nos ensina que é possível ser paciente ou ter o "ânimo espichado" e andar a segunda milha com o nosso próximo. Jesus, durante Seu ministério na Terra, corroborou esse ensino, quando ensinou no Evangelho de Mateus: "Se alguém o forçar a caminhar uma milha com ele, caminhe duas" (Mateus 5:41). Ou seja, nos ensinou a ir além do que é requerido como o habitual.

Falar sobre paciência, quando relacionado com uma ação de Deus, parece muito fácil e, de certa forma, até algo esperado! Entretanto, falar de exercer paciência em nossa vida na Terra muitas vezes parece algo inimaginável. Afinal, diversas coisas no nosso dia a dia tiram nossa paciência, como engarrafamentos no trânsito, longas filas num supermercado ou relacionamentos profissionais.

Quando pensamos neste fruto do Espírito dentro de casa, na família, percebemos o quão difícil podem se tornar as relações com o cônjuge e/ou com os filhos. A falta de paciência se manifesta principalmente por meio dos acessos de raiva, um dos frutos da carne (Gálatas 5:19-21). Ou seja, a falta de paciência pode ser uma brecha, que, aberta dentro do núcleo familiar, pode gerar um ambiente de conflitos, tensões e principalmente de distanciamento emocional e ruptura de laços. A ira pode levar a comportamentos agressivos, tanto verbais quanto físicos, o que destrói a comunicação e o ambiente familiar. O antídoto para isso é a paciência. Cabe a nós exercermo-la!

Ouça Que amor é esse, de Luma Elpídio

Você já viveu alguma situação em que teve problemas por não exercer a paciência?

- LEIA: Efésios 4:26-27; Provérbios 14:29; 15:18; 16:32; 19:11

- REFLITA: Se Deus me perdoou e continua sendo paciente, como posso não ser longânime com meu próximo?

- VIVENCIE: A longanimidade ou paciência é um fruto do Espírito, mas isso não é natural em mim. Como posso crescer nisso?

Pai, oro para que o Senhor me capacite a viver em paz contigo e com os que me cercam. Ensina-me a exercer a paciência. Eu rejeito todas as brechas que gerei pela impaciência. Quero alcançar os outros com a mudança em meu comportamento. Ressignifica as relações dentro da minha família a partir deste fruto do Espírito, em nome de Jesus, amém.

LAURA SÁ DE ARAGÃO @laura.sadearagao

Mora em Brasília, é esposa do Pr. Jarbas e mãe do Matheus e da Gabriela. Graduada em Teologia, mestre em Missiologia e especialista em tradução da Bíblia. Também cursou MBA em Gestão Estratégica de Empresas. Atua com empreendedorismo e coopera no Movimento Voe Borboleta.

"Eu sou escolhida para ser agente de transformação e profetizar o Reino de Deus!"

Entre o agora e o ainda não

Entregue seu caminho ao Senhor;
confie nele, e ele o ajudará. SALMO 37:5

Durante muito tempo, a paciência me parecia fraqueza. Esperar, ir devagar, aceitar o tempo das coisas — tudo isso parecia perda de tempo. Em um mundo que valoriza a produtividade imediata e o sucesso instantâneo, a paciência parece desnecessária ou até mesmo prejudicial. Mas aos poucos fui percebendo que a falta dela deixava marcas: inquietação constante, ansiedade, o desejo de controlar tudo, o medo de não dar conta.

Foi nesse processo que compreendi: a paciência não é inércia, mas confiança ativa. Não é estagnação, é entrega. E o cultivo dela somente se faz possível quando estamos ligadas à fonte — o próprio Deus. Ele é a origem de tudo, o Criador da nossa vida, Aquele que conhece profundamente nossos limites, dores, ritmos e esperas. Ele é o Senhor do tempo e da eternidade, e, em Sua sabedoria perfeita, sabe o momento certo para todas as coisas.

Quando me conecto com Deus, não estou apenas aprendendo a esperar, mas sendo moldada enquanto espero. A paciência não é um estado de espera passiva, mas um lugar de transformação ativa. O coração aprende a pulsar coerente, a alma começa a repousar na promessa e o espírito se torna sensível à direção divina.

A paciência, quando gerada na presença de Deus, transforma nossa maneira de viver, ouvir e obedecer. Ela não remove a dor da espera, mas nos oferece graça para atravessá-la com esperança. A espera, quando vivida com Deus, nunca é tempo perdido.

- LEIA: 2 Pedro 3:9

- REFLITA: O que Deus está moldando em você através da espera?

- VIVENCIE: Que semente a paciência tem deixado no seu coração e na vida de quem lhe cerca? Quais atitudes irá tomar para que essas sementes floresçam?

Ouça Não tenhas sobre ti, de Milad

Você costuma se irritar quando precisa esperar? O que sua pressa revela sobre a sua confiança em Deus?

Senhor, ensina-me a confiar no Teu tempo. Tu és o Senhor da eternidade e conheces cada detalhe da minha vida. Dá-me um coração paciente, disposto a esperar com fé. Que a Tua presença seja meu descanso enquanto a Tua vontade se cumpre em mim. Em nome de Jesus, amém.

IEDA SILVA @iedafsilva_

Mora em Curitiba, é esposa do Paulo e mãe de Michelle Junia, Marcelo Henrique, Paulo Victor, Gabriel Henrique e Alessandra. Mestre em Aconselhamento. Missionária da JOCUM e coordenadora de ministério em Almirante Tamandaré. Atua como mentora e preletora no Brasil e no exterior.

"Eu sou escolhida para servir com empatia, orientar com discernimento e amar de forma intencional!"

Notas

Notas

Amabilidade

*Mas o Espírito produz este fruto: amor, alegria,
paz, paciência, amabilidade, bondade, fidelidade, mansidão
e domínio próprio. Não há lei contra essas coisas!*

GÁLATAS 5:22-23

O amor que transborda

Então Maria pegou um frasco de perfume caro [...], ungiu com ele os pés de Jesus e os enxugou com os cabelos..." JOÃO 12:3

A história de Maria é marcada por uma caminhada de fé, amor e entrega. No convívio com seus irmãos, Marta e Lázaro, foi moldada aos pés de Jesus. A cena de Maria derramando perfume precioso sobre os pés de Jesus, antes da Sua crucificação, ecoa até hoje como um ato de amor sacrificial. O próprio Cristo afirmou, em Betânia, que deveriam deixá-la em paz. Foi uma entrega total: Maria ofereceu o melhor que tinha ao Mestre. Aquela que outrora escolheu estar aos pés de Jesus para ouvir Sua palavra, agora quebrava paradigmas para expressar um amor que já não cabia mais somente dentro dela.

Maria havia visto a morte ser vencida em seu irmão Lázaro e sabia que Jesus tinha poder sobre ela. Sem hesitar, quebrou um vaso de perfume caro, derramou perfume puro sobre Jesus — uma oferta de grande valor, um gesto ousado que trouxe grande comoção e críticas dos próprios discípulos de Jesus, e que, inclusive, poderia comprometer seu futuro financeiro. Mas para ela, nada disso importava. Seu único desejo era agradar ao seu Senhor, que acolheu sua atitude como uma boa ação.

Fruto do Espírito Santo, a *amabilidade* vai além da gentileza: é uma entrega incondicional, é amor que transborda. É o reflexo de quem foi transformado de dentro para fora e que não é capaz de guardar para si tamanha graça. Podemos exemplificar a amabilidade pelo serviço, pela diaconia, pela forma com que servimos aos irmãos, seja na igreja ou fora dos portões, por meio de ações que não visam seu próprio interesse.

Assim como Maria, temos muitos outros exemplos dos heróis da fé. Mais recentemente, podemos nos lembrar dos missionários morávios do século XVIII que se venderam como escravos para levar o evangelho a povos inalcançáveis. Deter o evangelho para si não era uma opção. Quando partiram para o campo missionário, disseram: *"Que o Cordeiro que foi morto receba a recompensa do seu sofrimento através de nós."*

Maria e os missionários experimentaram a amabilidade na prática, por meio de três grandes momentos com Cristo: (1) um encontro genuíno com Jesus; (2) uma transformação completa pelo Espírito Santo; e (3) a obediência ao chamado para uma vida de renúncia em favor do Reino de Deus.

Ouça O amor de Deus (Logo eu), de Rachel Novaes

Alguém já realizou algo extraordinário para você? Você já fez algo tão bom que possa ser lembrado para sempre?

- LEIA: Leia: João 12:1-7

- REFLITA: Você já viveu uma situação em que se sentiu chamada a entregar algo valioso por amor a Cristo? Já experimentou a amabilidade de maneira tão profunda?

- VIVENCIE: Pratique uma boa ação a alguém que precisa receber uma porção generosa do amor que transborda do seu coração, para o engrandecimento do Reino de Deus.

Querido Deus, ensina-nos a escolher a melhor parte. Que transbordemos em amabilidade e em boas obras, assim como Maria. Que Tu recebas a recompensa do sacrifício de Jesus por meio da nossa vida e testemunho. Usa-nos para alcançar os que ainda não te conhecem e para que Teu nome seja glorificado eternamente, em nome do Teu Filho amado, Jesus. Amém.

MARIANA NERIS @marianamachadoneris

Mora em Curitiba, é esposa do Pedro e mãe da Eliza e do Gustavo. Assistente Social e mestre em Saúde Pública, é servidora federal e atua no estado do Paraná como Diretora de Políticas Públicas para Mulheres. É membro da Igreja Presbiteriana de Curitiba.

"Eu sou escolhida para servir a Cristo e para levar o Seu amor a toda criatura!"

Gentileza no falar e agir

Palavras bondosas são como mel: doces para a alma e saudáveis para o corpo. PROVÉRBIOS 16:24

Tendemos a tratar as pessoas de fora com mais gentileza e educação do que os de nossa casa. Porém nossa melhor versão deve ser para nossa família. Principalmente nos dias de provações, quando as coisas não saem como esperávamos, nossa amabilidade deve se expandir de dentro para fora, manifestando um espírito calmo e confiante em Deus.

Vivemos dias tão desafiadores, com tantas demandas e correria, que facilmente nos esquecemos de detalhes, de gestos tão simples, que com toda certeza podem fazer diferença durante todo um dia. Um "Bom dia, meu amor, eu te amo!" fará um marido se sentir amado e respeitado. Um "Bom dia filho(a), você dormiu bem?" fará essa criança pensar: "Ela se importa comigo!".

Uma mulher cheia de amabilidade traz a doçura de Cristo para o seu lar, através de seu falar e agir. Ela não é tomada pelas angústias e preocupações, pois perfuma o seu ambiente com suas orações e lágrimas no lugar secreto. E, nesse lugar, ela se permite ser conhecida por Deus, pois busca ter intimidade com Ele.

A amabilidade que nasce da intimidade com Deus forma o caráter dessa mulher, refletindo o amor e graça de Cristo, levando-a a servir com amor, cuidado e carinho todos os que estão ao seu redor.

Seus pensamentos e ações são balizados pelo caráter de Cristo, por isso ela se compromete a ajudar aqueles que precisam de ajuda; não se prende na ofensa, mas libera perdão; caminha mais uma milha com paciência; e não se distrai em cumprir o seu propósito.

Uma mulher amável sabe usar o tom de sua voz, evita usar palavras ofensivas, tem equilíbrio e moderação em seu agir. Sua voz traz calmaria e dá destino.

Como uma mulher amável caminha em parceria com o Espírito Santo, sua voz é alinhada com o Céu, e ela não precisa impor ou levantar sua voz para ser ouvida, porque nela há doçura no falar e sua voz comunica paz. Sua amabilidade não é fraqueza, e sim força sobre controle.

Ouça Primeira essência, de Felipe Rodrigues

Quais foram as primeiras palavras e gestos que você direcionou aos de sua casa hoje, logo ao acordar?

Podemos ver um exemplo claro de amabilidade em Provérbios 31:26, o exemplo da mulher virtuosa, cujas "palavras são sábias; quando dá instruções, demonstra bondade".

Tão importante quanto saber falar é saber instruir com bondade, ter clareza na comunicação, de tal maneira que aqueles que ouvem entendem e compreendem o que está sendo falado e têm capacidade de passar a instrução adiante.

Uma mulher amável carrega a virtude da amabilidade como um legado a ser ensinado e passado adiante como uma herança espiritual para sua geração futura. Ela promove cura com suas palavras, uma fonte de doçura num mundo amargo e áspero em seus gestos.

- LEIA: Filipenses 4:5-7; Salmo 19:14; Efésios 4:32; Colossenses 3:12
- REFLITA: Em seu lar, as palavras tem sido gentis e pacificadoras, ou ríspidas e iradas (Provérbios 15:1)?
- VIVENCIE: Como você reflete a preciosa gentileza?

Pai, ensina-me a falar com doçura e mansidão, com palavras que levem consolo e esperança. Ajuda-me a refletir o caráter de Cristo, mesmo em dias difíceis. Que eu possa ser gentil com todos e levar luz à toda escuridão no mundo. Assim rogo, em nome de Jesus! Amém.

MARLI DE OLIVEIRA MONTEIRO @marlideoliveira_terapeuta

Mora em Curitiba, é esposa do Eliel Henrique e mãe do Gabriel. Doutora em Aconselhamento e Cuidado Pastoral, graduada em Administração de Empresas, especialista em Terapia Cognitivo Comportamental e Psicanálise Clínica. Atua como terapeuta de mulheres no Espaço Terapêutico Crer&Ser e como mentora da Experiência do Lar. É pastora na Igreja Evangélica Avivamento Bíblico Boa Vista.

"Eu sou escolhida para ser uma voz profética nessa geração, despertando mulheres para sua real identidade, libertando as filhas de Abba!"

Gentileza abnegada

Não insista comigo para deixá-la e voltar. Aonde você for, irei; onde você viver, lá viverei. Seu povo será o meu povo, e seu Deus, o meu Deus. RUTE 1:16

Antes de continuar esta reflexão, convido-a a parar, abrir sua Bíblia e ler o capítulo 1 do livro de Rute, pois ele nos ensina sobre uma mulher cheia de amabilidade.

A história de Rute é um belo testemunho de gentileza. Rute era uma mulher moabita, estrangeira entre o povo de Israel, mas que veio a se tornar parte da família israelita por meio de seu casamento com o israelita Malom. Após a morte de seu marido, ela teve a oportunidade de recomeçar em sua terra natal, Moabe, mas escolheu um caminho diferente: permanecer ao lado de sua sogra, Noemi. Sua decisão não foi apenas um gesto de carinho humano, mas um ato profundo de amabilidade, dedicação e fé. Ela declarou com firmeza: "Seu povo será o meu povo, e seu Deus, o meu Deus" (Rute 1:16).

Mesmo diante da dor e da incerteza, Rute sacrificou sua própria vida e cultura para se adaptar à nova situação e cuidar de Noemi, em um lugar que para ela era desconhecido. Sua atitude revela um coração disposto a servir, amar e sacrificar. Em Belém, ela não hesitou em trabalhar arduamente nos campos, para sustentar Noemi e a si mesma, mostrando força e determinação. E foi justamente a partir dessa postura de amabilidade que Deus começou a escrever uma nova história para Rute.

Rute nos ensina que a lealdade, dedicação, o sacrifício e a abnegação podem ser necessários para demonstrar amabilidade e cuidado para com os outros. Ensina-nos ainda que, com perseverança e esforço, podemos superar desafios e alcançar objetivos.

Sua história nos convida a sermos leais e dedicadas mesmo quando seria mais fácil desistir, a confiarmos em Deus mesmo quando tudo parece perdido, a agirmos com amabilidade mesmo diante das adversidades, e a estarmos dispostas a sacrificar nosso tempo, energia e recursos para ajudar os outros.

- LEIA: João 13:34

- REFLITA: Nosso amor tem sido de palavras ou de ações? Temos amado só os que conhecemos e não nos importado com os que estão longe ou nos esforçamos para demonstrar amor a todos?

- VIVENCIE: O que posso fazer para me tornar cheia de amabilidade? A resposta está em ser cheia do Espírito Santo. Vamos nos *encher*?

Ouça Ele me ama, de Diante do Trono

Amabilidade é um substantivo que se refere à qualidade de ser amável, à gentileza ou a um ato amável. Temos sido mulheres cheias de amabilidade?

Senhor, nesse momento viemos até a Tua presença pedindo que Tu nos enchas do Teu Espírito Santo. Que possamos transbordar do Teu amor, a ponto de sermos reconhecidas como Tuas discípulas. Que venhamos a agir com amabilidade em todo tempo, independentemente das circunstâncias.

CRISTINA GOES @cristinagoes

Mora em Curitiba, é esposa do Pr. Luiz e mãe de Kimberly e Thalita. Graduada em Marketing e tem formação em PNL e Gestão Financeira. É empresária, Coach e Pastora auxiliar na Assembleia de Deus Vitória em Cristo Curitiba, onde lidera o Ministério de Empresárias.

"Eu sou escolhida para servir ao Senhor, impulsionando mulheres a ter uma vida com Deus e com prosperidade em todas as áreas!"

Amabilidade, questão de ser e viver

Que todos vejam que vocês são amáveis em tudo que fazem. Lembrem-se de que o Senhor virá em breve. FILIPENSES 4:5

A amabilidade, na perspectiva bíblica, vai além de simples gestos de cortesia. A palavra grega empregada em Filipenses 4:5, *epiekes*, remete a uma disposição interior de *gentileza, moderação e consideração pelo outro, que transborda em atitudes visíveis*. No hebraico, termos como *hesed* evocam o conceito de *bondade amorosa e lealdade ao próximo*. O apóstolo Paulo, ao escrever aos filipenses, orienta que a amabilidade seja uma marca tangível da fé, perceptível em todas as relações.

A amabilidade é resultado de uma vida vivida no Espírito, e não apenas de esforços humanos. Não se trata de concordar com tudo ou ceder diante de injustiças, mas de agir com ternura, mesmo diante de quem não retribui. Em um mundo marcado por pressa e indiferença, a amabilidade se torna um testemunho contracultural do caráter de Cristo. É uma postura que escolhe enxergar o outro com compaixão, valorizando-o independentemente de suas falhas.

Filipenses 4:5 nos convida a uma consciência constante: a presença do Senhor está próxima. Essa certeza deveria impulsionar cada pessoa a irradiar amabilidade, pois cada encontro pode ser uma oportunidade de manifestar o amor de Deus. Gálatas 5:22 reforça que a amabilidade não é uma virtude isolada, mas parte de um conjunto de frutos que, juntos, refletem a ação divina em quem crê.

Ser amável não exige ausência de conflitos, mas sim a capacidade de responder com graça e respeito, mesmo em desacordo. Amabilidade não é fraqueza, mas força mansa que constrói pontes, restaura relacionamentos e aponta para a esperança em Cristo. A escolha diária pela amabilidade transforma ambientes, quebra ciclos de hostilidade e revela ao mundo um Deus que é, em essência, amoroso e acolhedor.

Escolha ser amável, e viva de forma a manifestar a amabilidade de Deus na sua vida, que vejam Cristo em sua essência. Seja amável.

- LEIA: Colossenses 3:12
- REFLITA: Você tem sido reconhecida pela amabilidade em suas atitudes diárias? Quais situações recentes demonstraram ou desafiaram essa virtude em sua vida?
- VIVENCIE: Liste atitudes práticas que pode adotar nesta semana para demonstrar amabilidade, especialmente com quem pensa diferente ou te desafia.

Ouça O fogo arderá, de Alexsander Lúcio

Quem, em sua vida, é um exemplo de amabilidade que inspira você diariamente? Você já vivenciou uma situação em que a amabilidade transformou completamente o ambiente?

Senhor, obrigado pelo Teu amor que transforma corações e renova atitudes. Ensina-nos a viver diariamente com amabilidade, refletindo o Teu caráter em nossas palavras e ações. Dá-nos sensibilidade para enxergar as necessidades do próximo e coragem para responder com compaixão, mesmo diante dos desafios. Que a presença do Teu Espírito produza em cada pessoa o fruto da amabilidade, tornando-a um canal da Tua graça em cada ambiente onde estiver. Capacita-nos a ser fonte de esperança e luz, para que, através de cada gesto, muitos conheçam o Teu amor incondicional. Em nome de Jesus, amém.

MARLICI SANTOS @pramarlici

Mora em Curitiba, é viúva e mãe do Yan e da Yasmin. É advogada, com pós-graduação pela Escola de Magistratura do Paraná, teóloga, com MBA em Gestão de Pessoas – Liderança em Novos Tempos, escritora e pastora presidente do Tabernáculo de Davi.

"Eu sou escolhida para refletir o amor de Deus com dedicação e autenticidade, inspirando e enriquecendo todos que me acompanham!"

Amabilidade no lar

A mulher sábia edifica o lar, mas a insensata o destrói com as próprias mãos. PROVÉRBIOS 14:1

Sou casada há 20 anos e mãe de três meninas, e venho aprendendo, dia após dia, que o verdadeiro ministério começa dentro de casa. Aprendi — e continuo aprendendo — que o papel da mulher no lar vai muito além das tarefas visíveis. Deus me chamou para ser guardiã espiritual da minha casa e, para isso, me entregou uma ferramenta poderosa: a amabilidade.

O texto bíblico inicial me confronta em todo tempo e me desafia a agir de maneira amável, mesmo nos momentos mais desafiadores, seja nos desafios com a minha filha mais velha e o início da sua autonomia, seja com a do meio que está entrando na adolescência ou com a menor, que é cheia de energia e pede atenção a todo tempo. Soma-se a isso casamento, trabalho, relações familiares e sociais.

Com o desempenho de vários papéis, é comum perdermos a paciência e nos tornarmos reativas, altivas, duras. Eu mesma percebi que estava me tornando uma pessoa assim. Foi então que entendi: a amabilidade estava desaparecendo e, junto com ela, a harmonia do meu lar.

Filipenses 4 ensina-nos a sermos amáveis, e faz-nos um alerta: *"Lembrem-se de que o Senhor virá em breve"* (v.5). E eu percebi que, embora orasse, a minha casa estava ficando cada vez mais distante dessa realidade. Minhas reações eram firmes demais. Eu dizia: "Sou mãe, sou esposa, estou certa". Mas, no fundo, o que estava manifestando era orgulho disfarçado de autoridade.

A definição bíblica de orgulho é clara: "Deus se opõe aos orgulhosos, mas concede graça aos humildes" (Tiago 4:6). O orgulho se manifesta na nossa incapacidade de reconhecer erros, na necessidade constante de estarmos ocupadas e no desejo de controlar. Quando li isso, "caiu a ficha": o orgulho estava contaminando minha maternidade e meu casamento.

Era como se eu carregasse o fardo de "manter tudo funcionando", mas, ao mesmo tempo, esquecia que o Espírito Santo é quem sustenta o lar — não a minha força, mas a minha entrega. Comecei a ver que minha voz, que antes corrigia com amor, agora era usada para cobrar e controlar.

Ouça É Ele, de Drops INA

Você já conviveu com alguém orgulhoso? O que essa característica traz para o ambiente?

Ouvia a voz do Senhor exortando-me: *Seja conhecida por sua amabilidade. Deixe que eu seja o centro. Perto estou, mas você tem falado mais alto que eu.*

Comecei a mudar pequenas coisas. A forma de responder, a paciência ao ouvir, o tom de voz com meu marido. Comecei a olhar para as meninas com mais empatia. Nossos filhos não precisam de críticas; precisam de uma mãe que os escute. Não precisam de uma juíza; precisam de uma referência. Não precisam de presentes; precisam de presença.

Provérbios 14:1 diz: "A mulher sábia edifica o lar, mas a insensata o destrói com as próprias mãos". Eu estava derrubando com minhas próprias mãos a minha casa. E não era por mal. Era por orgulho — o mesmo que me impedia de pedir perdão, de mudar de abordagem, de confiar em Deus para transformar o coração das minhas filhas.

Hoje, mais do que querer estar certa, eu quero ser cheia do Espírito Santo. Mais do que uma casa arrumada, eu quero uma casa em paz. Mais do que filhas obedientes, eu quero filhas alcançadas pelo amor de Deus através do meu exemplo.

A amabilidade não é fraqueza; é maturidade espiritual. É a resposta do Espírito em nós quando a carne quer gritar. Ser mãe e esposa não é sobre controle; é sobre refletir a presença do Senhor em atitudes simples, cotidianas, mas carregadas de amor e humildade.

Se você, como eu, percebe-se com uma postura de dureza ou orgulho, saiba: Deus resiste ao soberbo, mas dá graça ao humilde. A boa notícia é que sempre podemos fazer o caminho de volta, nos arrepender e voltarmos a ser amáveis. Voltar ao centro da vontade de Deus. Voltar a ser canal de paz no nosso lar.

- LEIA: Filipenses 4:4-5

- REFLITA: Como está o ambiente da sua casa hoje? Será que a sua amabilidade (ou a falta dela) está afastando ou atraindo a presença do Senhor para dentro do seu lar?

- VIVENCIE: Quais pequenas atitudes você precisa mudar imediatamente para demonstrar mais amabilidade em sua casa? Quais mudará esta semana?

Senhor, reconheço que já tentei sustentar minha casa com a força do braço, com palavras duras e orgulho. Perdoa-me pelas vezes em que me afastei da Tua presença ao buscar ser a dona da razão. Ensina-me a ser cheia do Teu Espírito, marcada pela amabilidade, sabedoria e paz. Que meu lar seja um lugar onde a Tua presença é sentida em cada detalhe. Restaura o que foi quebrado. E que, através de mim, minha família experimente o Teu amor. Em nome de Jesus, amém.

VIVIENNE FURTADO VILANI LIMA @viviennevilanilima

Mora em Curitiba, é esposa do Dinor e mãe da Nina, Lara e Maitê. Atua como advogada e serve na Primeira Igreja Batista de Curitiba.

"Eu sou escolhida para ser guardiã e intercessora do meu lar e para levantar mulheres para serem curadas, assim como eu fui!"

Notas

Bondade

Mas o Espírito produz este fruto: amor, alegria,
paz, paciência, amabilidade, bondade, fidelidade, mansidão
e domínio próprio. Não há lei contra essas coisas!

GÁLATAS 5:22-23

Expressando a bondade de Deus

Certamente a bondade e o amor me seguirão todos os dias da minha vida... SALMO 23:6

"A bondade e o amor do Senhor me seguirão...", serão minha força, principalmente em dias difíceis. Há momentos que nos cansamos e desanimamos, podemos pensar em desistir, mas nos lembramos das promessas de Deus, que são constantes e eternas.

Nasci em uma pequena cidade do Paraná, em uma noite fria, à luz de lampião. Sou fruto de uma gestação indesejada, sendo a oitava filha de uma família humilde. Foi um parto difícil, até que a parteira deu seu veredito: morreriam mãe e bebê! Foi então que o pai, acostumado com parto de animais, tomou a frente, num gesto já desesperado, e me trouxe à luz. Um milagre aconteceu, eu nasci para cumprir o propósito que Deus tem para minha vida. Posso dizer que Deus mostrou Sua bondade de forma evidente desde meu nascimento!

Minha mãe rendeu-se a Jesus no meu segundo aniversário, e lembro-me que sempre dizia: " A bondade de Deus é infinita e Sua misericórdia se renova a cada manhã". O meu pai foi uma pessoa muito generosa comigo e com tantos outros, não tive qualquer dificuldade em reconhecer, com muita gratidão, a bondade de Deus, expressa por sua vida. Diante disso, tenho aprendido, ao longo da vida cristã, que nossa filiação celestial produzirá em nós e através de nós a expressão da Sua bondade e misericórdia.

Bondade é a capacidade de agir com generosidade, compaixão e misericórdia. A bondade é um atributo do fruto do Espírito que transforma nossa vida e a dos que nos cercam. Quando perguntaram a Jesus sobre a quem deveríamos expressar nossa bondade, Ele respondeu que o próximo é aquele a quem podemos servir. Podemos ser bondosos com todos que o Senhor colocar perto de nós!

A bondade pode ser vista através de orações, abraços, ajuda, doando tempo, recursos, oferecendo nosso perdão, estendendo a mão. Portanto, a oportunidade de expressar a bondade de Deus é nos dada todos os dias. E há pessoas que somente nós podemos alcançar: fazer o bem, não importa a quem, faz muito bem!

Dentre tantas frases inquietantes ditas por Jesus, há uma profundamente marcante: "Eu lhes digo a verdade: quando fizeram isso ao menor destes meus irmãos, foi a mim que o fizeram" (Mateus 25:40). Ele falava dos pequeninos, dos vulneráveis, dos carentes, enfim, daqueles que precisavam ser acolhidos. Em nosso caminho, sempre haverá alguém sedento, necessitando ser acolhido através de gestos de bondade. Nós fomos convidadas e capacitadas pelo Espírito Santo a doar, abraçar e perdoar, bondade esta que é fruto do amor de Deus em nós.

Ouça Bondade de Deus, de Isaías Saad

Expressar bondade para alguém é a maior demonstração de acolhimento?

- LEIA: Salmo 23; Colossenses 3:12-17; Efésios 5:9-10

- REFLITA: Houve uma experiência de bondade recebida que marcou sua vida, pela qual você possa agradecer a Deus? Escreva-a!

- VIVENCIE: Poderia pensar e planejar atos de bondade para com alguém, como forma de compartilhar o amor de Deus?

Pai bondoso, que o Teu Espírito possa encontrar em nós um coração disposto a obedecer e, através de nossos gestos de bondade, tocar as pessoas que o Senhor quer tocar. Em nome de Jesus, amém!

SANDRA MARA HUBNER JUSTUS @sandrajustus1050

Mora em Curitiba, é esposa do Pr. Samuel e mãe de André, Alan, Débora e muitos filhos adotivos e de fé. Avó amorosa e dedicada. Formada em Teologia, é pastora na Comunidade Curitiba Viva. Serve como mentora e lidera o ministério de Ação Social em Curitiba, Lapa e Campo do Tenente e grupos de mulheres escolhidas no Brasil e exterior.

"Eu sou escolhida para amar e demonstrar a bondade de Deus e anunciar o evangelho de Jesus Cristo!"

Transformação e ação

Não imitem o comportamento e os costumes deste mundo, mas deixem que Deus os transforme por meio de uma mudança em seu modo de pensar, a fim de que experimentem a boa, agradável e perfeita vontade de Deus para vocês. ROMANOS 12:2

A clássica abordagem explicativa do fruto do Espírito como uma tangerina e seus gomos realmente é muito eficiente, pois demonstra, ao mesmo tempo, a complexidade e a simplicidade de uma temática tão importante para a vida do cristão. O fruto não é incompleto — ou melhor, nunca colheremos uma tangerina do pé com a fruta faltando um gomo. Assim é a vida do crente convertido e batizado pela ação do Espírito Santo de Deus: este dará fruto, que, entre suas várias facetas, também terá a bondade.

Vivemos em um mundo de egoísmo e violência, onde muitos só se importam consigo mesmos (às vezes, descaradamente; às vezes, uma face oculta que se mostra assustadoramente, bastando uma oportunidade). As pessoas vivem buscando seus próprios interesses, demonstrando bondade em alguns momentos, quando isso lhes convém. É muito triste observar que a educação, a cultura e até mesmo a posição social não mudam o interior do ser humano.

Mas a conversão genuína em Cristo Jesus muda completamente esse panorama, causando o que só o Espírito Santo de Deus pode fazer: a transformação de caráter. A bondade, outrora relegada a momentos ou interesses, dá lugar a um coração movido pelo amor que não busca os seus próprios interesses, como descrito em 1 Coríntios 13:5.

Essa bondade, que também pode ser chamada de generosidade, inverte o egoísmo gerado pelo pecado. O senhorio de Jesus Cristo pode ser observado em ações e palavras. Note que todas as partes que compõem o fruto do Espírito geram ações. Não é possível observar bondade, generosidade e benevolência sem ações. A mudança de caráter proporcionada pela conversão gera a mudança na forma de pensar, e esta provoca ações fora do padrão humano.

O Espírito Santo nos chama a ser diferentes e a demonstrar isso em ações que impactarão a humanidade.

Ouça Descansarei, de Reuben Morgan/ Comunidade Evangélica de Maringá

Você certamente já ouviu a expressão: "Uma ação vale mais que mil palavras". Como acha que ela poderia se aplicar à vida cristã?

- LEIA: Romanos 12:1-21

- REFLITA: Qual atitude em sua vida demonstra, de fato, a ação do Espírito Santo em bondade?

- VIVENCIE: Em quais momentos da sua vida você julga que Jesus Cristo agiria de forma diferente, demonstrando bondade? O que fará para agir como Jesus?

Senhor Deus, reconhecemos que somos absolutamente dependentes de ti. Precisamos da ação do Teu Espírito Santo para que o mundo seja impactado e transformado. De todo o coração, queremos ser instrumentos do Teu poder em meio a esta sociedade onde o mal está inserido. Que a bondade possa ser observada em nossa vida. Em nome de Jesus Cristo, amém.

NANCY ESPINDOLA DOS SANTOS @nancy.espindolaa

Mora em Curitiba, é esposa do Pr. Antonio e mãe da Rebeca e da Alice. Empreendedora e coordenadora da escola de ballet Princess Ballet. Estudante de Psicanálise Clínica, integra o corpo de atores do Ministério Cena da Igreja Batista do Bacacheri, é coordenadora da área social e discipuladora de adolescentes na Igreja Batista em Almirante Tamandaré.

"Eu sou escolhida para transbordar o amor de Deus a outras vidas, através da arte e do relacionamento sincero e fraternal!"

Confiando na bondade de Deus

Jesus Cristo é o mesmo ontem, hoje e para sempre. HEBREUS 13:8

Fui pastora de jovens por 10 anos. Nesses anos, vi jovens começarem a se relacionar de forma correta, com oração e instrução na Palavra. Vi o tão esperado chegar, começarem a namorar, mas, passado um tempo, muito ou pouco tempo, um deles acabar traindo ou não querer mais a vida cristã, por exemplo.

Lembro de uma jovem que me ligou chorando muito. Após três meses de oração e dois anos de namoro, o rapaz a traiu e terminou com ela. Ela me perguntava: “Por quê? Eu fiz tudo certo, por quê?”. Naquele momento, sem ter uma resposta clara, eu mesma questionei ao Senhor. Em oração, abri meu coração: *Deus, ela fez tudo certo. Por que algo tão doloroso aconteceu? Tudo parecia caminhar para uma bênção, mas se transformou em frustração.* E naquele momento, Deus na Sua grandiosa bondade e misericórdia me respondeu: *Eu sou o único que não muda. Eu sou o mesmo ontem, hoje e eternamente. Mas as pessoas mudam.* Essa resposta trouxe alívio ao meu coração. Deus não apenas respondeu àquela jovem, mas também falou profundamente comigo. Ele continuou: *As pessoas mudam, mas Eu permaneço o mesmo. E todas as minhas promessas irão se cumprir.*

Foi aí que entendi uma verdade poderosa: as promessas de Deus não dependem de pessoas. Ninguém tem poder para anular o que Deus determinou. O fim de um relacionamento não é o fim de uma promessa. Algum tempo depois, aquela jovem conheceu outro rapaz, com quem se casou e construiu a família com que sempre sonhou.

Lembro-me da passagem do jovem rico, em que ele se direciona a Jesus chamando-o de Bom Mestre. E a resposta de Jesus é surpreendente: “Por que você me chama de bom? [...] Apenas Deus é verdadeiramente bom” (Lucas 18:19). Jesus não deixou que o entendimento superficial do jovem rico sobre bondade passasse despercebido. Quando Jesus responde que somente Deus é bom, ele está direcionando a atenção do jovem para Deus, em quem há a bondade suprema.

Ao compreender que Deus é infinitamente bom, entendemos que, apesar das dificuldades e das mudanças inesperadas no trajeto de vida que sonhamos, as promessas do Senhor não podem ser invalidadas e devemos confiar na suprema bondade de Deus.

Ouça Em troca, de Guilherme Kerr Neto

Você já se questionou por que pessoas que, no início de uma relação, são honestas e gentis, com o passar do tempo se mostram cruéis e infiéis? Já passou pela experiência de fazer tudo certo, mas as coisas darem errado por causa de outra pessoa?

- LEIA: Lucas 18:19; Salmo 23

- REFLITA: Você já desistiu de promessas de Deus na sua vida, por que parou de crer em Sua bondade suprema e focou somente nas pessoas e circunstâncias difíceis?

- VIVENCIE: Liste as promessas de Deus que ainda não se cumpriram. Não desista delas. Ore com intensidade sobre elas. Creia que, através da bondade e fidelidade do Senhor, elas irão se cumprir.

Senhor Jesus, grande é a Tua bondade e misericórdia. Ajuda-me a tirar os meus olhos das pessoas e circunstâncias e a olhar para ti. Que a Tua bondade possa transbordar em minha vida. Confio que cada promessa do Senhor para minha vida vai se cumprir porque o Senhor é bom!

ELISANGELA FERRER FERRO @bispaelisangelaferro

Mora em Curitiba, casada com Felipe, mãe de Andrei e Alícia. Teóloga e pastora há 18 anos, é bispa da Comunidade Evangélica Sara Nossa Terra. Apresenta o programa Jornada Delas. Participa ativamente do Conselho de Ministros do Evangelho do Paraná e organização da Marcha para Jesus em Curitiba.

"Eu sou escolhida para levar Curitiba aos pés do Senhor Jesus."

Bondade: reflexo de Jesus

Em vez disso, sejam bondosos e tenham compaixão uns dos outros, perdoando-se como Deus os perdoou em Cristo. EFÉSIOS 4:32

Bondade é mais do que um comportamento agradável; é um reflexo direto do caráter de Cristo. Quando a bondade se manifesta com sinceridade, ela revela algo do céu aqui na Terra. Como um perfume suave, ela permanece mesmo depois que a situação ou a pessoa se vai. A Palavra nos lembra que somos o "bom perfume de Cristo". Isso significa que a presença do Senhor em nós deve ser percebida não apenas pelas palavras, mas principalmente pelas atitudes. E entre essas, a bondade ocupa um lugar especial. Em um mundo marcado pela pressa, frieza e reações impensadas, a bondade é uma resposta que cura.

Um gesto gentil, uma palavra doce, um ato silencioso de cuidado — são sementes que, quando lançadas com amor, florescem em graça na vida do outro. É possível praticar a bondade todos os dias, mesmo nas tarefas simples: ouvindo com atenção, sendo pacientes com aqueles ao nosso redor, oferecendo ajuda sem esperar retorno. O bem que se faz com o coração moldado por Cristo tem valor eterno.

O Senhor é bom para todos (Salmo 145:9). A bondade, como fruto do Espírito, não depende das circunstâncias ou merecimento do outro. Ela é a expressão do amor divino fluindo por meio de vasos humanos. E mesmo que o mundo valorize força, desempenho e visibilidade, a bondade segue sendo uma linguagem silenciosa que transforma. Talvez você já tenha sido alcançada por uma bondade assim. Talvez nem lembre o nome da pessoa, mas jamais esqueceu o que ela fez. Isso é o reflexo de Cristo: amor encarnado no cotidiano, graça em forma de atitude.

Que a comunidade de fé aprenda a cultivar esse perfume. Que os lares sejam lugares onde a bondade seja natural, e que a igreja (como corpo de Cristo) seja reconhecida não por discursos, mas por atitudes que revelam o Reino. A bondade, quando vem dele, é como perfume suave: chega sem alarde, mas fica na memória e no coração. Hoje, o Espírito Santo pode usar você para deixar esse mesmo perfume no caminho de alguém. Não subestime o poder de um gesto silencioso.

Ouça A Ele a glória, de Gabriela Rocha

Você já sentiu o perfume da bondade de alguém? Como isso a impactou?

- LEIA: Efésios 4:32; Salmo 145:9
- REFLITA: Bondade tem sido parte natural da sua rotina? Quais obstáculos você identifica para que isso aconteça e como pode superá-los com ajuda do Espírito?
- VIVENCIE: Em quais situações você poderá substituir a indiferença por gestos de bondade intencional nesta semana?

Senhor, Tu és a fonte da bondade que quero refletir. Transformas meu coração para que eu seja paciente, generosa e sensível ao Teu amor. Que eu pratique Tua bondade em cada gesto e palavra, mostrando ao mundo quem Tu és. Guia-me, sustenta-me e usa-me para que eu espalhe Tua luz. Amém.

AMANDA MACEDO PAIVA @amandamacedopaiva

Mora em Curitiba, é esposa do João e mãe do João Felipe e da Melina. É graduada em Pedagogia e Podologia, é missionária com atuação voltada para mulheres, famílias e ensino cristão. É membro da Primeira Igreja Batista de Curitiba.

"Eu sou escolhida para refletir Jesus em amor, serviço e verdade, sendo instrumento dele na vida de mulheres e famílias!"

Meu Pai é o melhor de todos!

Provem e vejam que o Senhor *é bom!*
Como é feliz o que nele se refugia! SALMO 34:8

Eu me lembro da minha babá, a Dé, que viveu em minha casa uma vida inteira. Criou meu tio, eu, minhas irmãs e minha sobrinha. Faleceu com quase 100 anos. Quanta saudade eu sinto dela! Dedicou sua vida em prol da nossa família. Mas, por mais que ela tenha feito tantas coisas boas para nós e para outras pessoas que a admiravam, ainda assim, sua bondade não se aproxima do padrão celestial que encontramos em Lucas 18:18-19, quando Jesus afirma que não há ninguém bom, somente Deus.

Quando eu me converti, costumava dizer entusiasmada que ganhara um Pai, que é infinitamente melhor do que qualquer outro pai. Eu declarava também que, mesmo que meu pai terreno ainda fosse vivo (ele falecera quando eu tinha 9 anos), ele não conseguiria ser, nem fazer tudo o que Deus Pai é e faz por mim. Deus é bom, Ele é bom. É Pai de órfãos. Ele guia nossos passos. Ele é Pai de amor.

Com o passar do tempo, não sei dizer muito bem porquê, mas deixei de falar dessa forma sobre Deus.

Hoje, enquanto escrevo esse devocional, estou passando por um momento muito desafiador, mas convido você a fazer como eu, lembrar-se dessa paternidade e apegar-se à bondade desse Pai.

Talvez você esteja decepcionada com as pessoas e ache até mesmo que não existe nada de bom em sua vida, mas a convido a voltar-se para Ele, para o Seu colo. Você pode provar dessa bondade todos os dias, sabia?

Aproxime-se dele, Ele está aí agora, pertinho de você, só esperando para falar contigo e derramar sobre ti uma porção daquilo que nem um ser humano pode dar. Confie nessa bondade que não tem fim. Ele continua sendo bom, continua olhando para você e querendo abençoá-la.

Creia nisso e seja feliz refugiando-se em Deus! Somente Ele é capaz de conceder tudo o que necessitamos, seja fisicamente, emocional ou espiritualmente.

- LEIA: Salmo 34:1-8; Jeremias 29:11

- REFLITA: Você se sente abandonada pelo Senhor? Lembre-se do quanto Deus a ajudou a vencer e seguir em frente e o quanto Ele já fez por você. Creia: Ele a ajudará novamente!

Ouça O meu Pai é bom, de Gabriela Gomes

Quando falamos de bondade, você se lembra de alguma pessoa boa na sua vida?

- VIVENCIE: Separe um tempo e pense nas dádivas de Deus em sua vida. Faça uma lista e deixe num local fácil, para poder ler na angústia, lembrando-se das dádivas para que não esqueça de que Deus é bom.

Senhor, faz-nos crer que é possível, ainda hoje, provarmos da Tua bondade, mesmo que já tenhamos vivenciado situações em que o mal tenha nos atingido e tenhamos desacreditado nos atos de bondade. A partir de hoje, decido crer que o Senhor é bom, em todo o tempo e que olhas com bondade e generosidade para mim. Oro em nome de Jesus, amém.

PAULA CÔRTES MACIEL @paulacortes

Mora em Curitiba, é esposa de Márcio e mãe do Davi e do Augusto. Graduada em Secretariado Executivo e graduanda em Psicologia. Serve no Ministério Infantil da Igreja Batista do Bacacheri.

"Eu sou escolhida para promover saúde mental e esperança para as pessoas!"

Notas

Notas

Fidelidade

Mas o Espírito produz este fruto: amor, alegria,
paz, paciência, amabilidade, bondade, fidelidade, mansidão
e domínio próprio. Não há lei contra essas coisas!

GÁLATAS 5:22-23

Fidelidade: um reflexo da graça

Pois grande é o seu amor por nós;
a fidelidade do Senhor dura para sempre.
Louvado seja o Senhor! SALMO 117:2

A palavra *fidelidade* carrega o peso de grandes expectativas e, não raro, de decepções humanas. Contudo, na perspectiva bíblica, a fidelidade não nasce do esforço humano, mas transborda da graça de Deus. O termo hebraico para fidelidade, *emunah*, traz a ideia de firmeza, constância e segurança. Não se trata apenas de cumprir promessas, mas de manter-se inabalável em meio às tempestades. Esse é o caráter fiel do nosso Deus, ainda que nós sejamos infiéis (2 Timóteo 2:13).

A fidelidade não é uma tarefa pesada quando é resultado natural da presença de Deus em nós. Somos capacitadas pela graça a permanecer firmes em tempos de incerteza, guardar a fé quando tudo parece contrário e crer nas promessas mesmo quando o contexto é desfavorável.

Ao olhar para sua própria história, talvez haja momentos em que tudo parecia paralisado, como se a promessa estivesse distante demais e a alma cansada demais para continuar. E, ainda nesses dias silenciosos, a fidelidade do Senhor a sustentou. O simples fato de estarmos prosseguindo é prova cabal de que Ele nunca nos abandona.

Em um tempo de grandes desafios e incertezas, quando meu coração já começava a duvidar de sonhos que pareciam distantes demais, perguntei ao Senhor: *Será mesmo que Tu cumprirás aquilo que prometeste em minha vida?* Você já orou assim?

Deus me respondeu de forma marcante. Enviou uma irmã desconhecida para me dizer: *Deus não sofre de amnésia; o que Ele prometeu, Ele é fiel para cumprir.* Desde aquele dia, esse lembrete se tornou uma âncora para minha fé.

Tenho testemunhado o cumprimento das promessas de nosso Deus fiel! Desde as experiências mais singelas até realizações que só poderiam ter vindo do Céu (como o casamento que tanto esperei, a atuação inimaginável na política, a cura física e a honra de participar da coautoria de livros devocionais), tudo testifica que Ele permanece fiel, mesmo quando a minha fé pensava em vacilar.

Ouça Fiel é Deus, de Felipe Rodrigues e Delino Marçal

Quando você pensa em fidelidade, em quem ou do que você se lembra?

Hoje podemos refletir sobre a fidelidade de Deus em nossa caminhada e permitir que, pela ação do Espírito Santo, esse fruto floresça também em nossos relacionamentos, decisões e atitudes. Que sejamos fiéis, não por mérito próprio, mas pela graça que nos sustenta dia após dia. E, quando o coração vacilar, lembre-se da promessa: "Feliz é quem confia no SENHOR, cuja esperança é o SENHOR" (Jeremias 17:7). Nesse solo a fidelidade floresce firme, constante e cheia de paz.

- LEIA: Lamentações 3:22-24
- REFLITA: Quais momentos da sua vida revelam que, mesmo em silêncio, Deus continuou fiel às Suas promessas?
- VIVENCIE: Relembre e anote as promessas de Deus que já começaram a se cumprir. Compartilhe!

Senhor Deus, nosso Pai, obrigada por Tua fidelidade infalível. Mesmo quando nos sentimos fracas ou desanimadas, Tua graça nos sustenta. Ensina-me a confiar e a viver com o coração firme em Tuas promessas. Que eu seja reflexo da Tua fidelidade em tudo o que fizer. Em nome de Jesus é que eu te peço e já agradeço, amém.

BRUNA L. FOGAÇA CAMARGO @brunafogacaoficial

Mora em Santo Antônio da Platina e é esposa do Vinícius. Advogada especialista, atua como diretora jurídica da OAB de sua Subseção e da AMONPAR. Serve no ministério com mulheres e intercessão na Comunidade Evangélica, atuante nas políticas públicas sociais, exercendo liderança na justiça e no cuidado com o próximo.

"Eu sou escolhida para manifestar a fidelidade de Deus, fortalecendo mulheres no cumprimento de seus chamados com coragem, fé e perseverança!"

Um dia de cada vez

Fez o que era mau aos olhos do SENHOR; seguiu o exemplo de Jeroboão, e persistiu nos pecados que Jeroboão havia levado Israel a cometer. 1 REIS 15:34

Por muitas vezes, li as passagens bíblicas que falam sobre os reis de Israel e Judá e a facilidade com que deixavam de seguir os preceitos de Deus, embora vissem Seu poder e Seus grandiosos feitos a todo momento e eu então pensava: *como eles se desviavam tão facilmente de seus propósitos e deixavam suas nobres missões de propagar o reino do Deus único, com todas as promessas e evidências da Sua fidelidade?*

Depois de um tempo, esta leitura começou a me incomodar de uma forma diferente e foi quando, na companhia do Espírito Santo, passei a analisar os textos não mais como uma "juíza dos reis", julgando os porquês das suas atitudes.

Foi então que percebi que eu não era diferente de nenhum deles quanto à minha maneira de tratar a presença de Deus na minha vida. Descobri que a infidelidade dos reis também estava dentro de mim e essa foi uma triste constatação. Não sou melhor do que os reis que simplesmente escolheram não obedecer.

O Espírito Santo, nosso Encorajador, é excelente em nos sondar e compreender o que escondemos de nós mesmos. É muito especial quando Ele nos confronta, mostrando nossas falhas e mudando a nossa perspectiva de ver as coisas, de juiz para réu. "Quando ele vier, convencerá o mundo do pecado, da justiça e do juízo" (João 16:8).

Um renovo sempre ocorria quando reis infiéis se arrependiam e voltavam para o Senhor; Deus, por Sua grande bondade e fidelidade, sempre renovou Sua aliança com o povo quando ele se arrependia. Pude entender, pela luz do Espírito Santo, que isso acontece diariamente conosco também! Glória a Deus por esse Amigo tão dedicado a nós!

A fidelidade de Deus não é diretamente proporcional à nossa fidelidade, mas sim aos Seus atributos naturais e soberanos.

Ouça Milagres, de Ludmila Ferber

Você já leu uma passagem bíblica que, num primeiro momento, não lhe fazia sentido, mas que, quando a releu, foi como se os seus olhos se abrissem?

Ao nos vermos no banco dos réus, lembramos que o nosso reino pode não ser do tamanho de Israel, mas em nossa área de influência (nosso lar, trabalho, comunidade e outros espaços) somos rainhas e sacerdotisas, chamadas para liderar e servir com equidade, bondade e fidelidade.

Nossos filhos seguem nosso exemplo, nossos maridos esperam nosso apoio, nossos familiares e amigos percebem nossas atitudes. Podemos dizer que eles veem mais vezes o fruto do Espírito ou o fruto da carne em nosso proceder?

O Espírito Santo tem a missão de trazer luz sobre nossas ações, não para nos condenar, mas para nos transformar. "Logo, todo aquele que está em Cristo se tornou nova criação. A velha vida acabou e uma nova vida teve início!" (2 Coríntios 5:17). Quanto mais andarmos com Jesus e Sua palavra, permitindo sermos sondados pelo Santo Espírito, maiores serão as possibilidades de transformação de nosso caráter e de nos aproximarmos do nosso modelo autêntico. Pois o Pai nos deu o rei Jesus, o Rei dos reis, que em nada desagradou a Deus e que, sendo nosso verdadeiro exemplo de fidelidade, cumpriu Sua missão e nos enviou o Consolador que nos capacita a cumprir a nossa missão.

Infalibilidade não deve ser o nosso objetivo, mas, se Ele acredita em nós, quem somos para duvidarmos de nós mesmas? A única batalha vencida de uma só vez foi na cruz. As nossas são vencidas dia a dia. Nossa fidelidade é posta à prova e aprimorada diariamente, então busquemos ser fiéis no hoje e, se falharmos, não desistamos.

Traga para a sua realidade o Reino de Deus, lendo a Bíblia, orando e jejuando. Discipline sua mente para louvar e não para reclamar. Um coração sábio se administra e se constrói. Não vem pronto. Seja feliz sendo fiel.

- LEIA: Deuteronômio 7:8-9

- REFLITA: Como você pode ativar sua percepção espiritual para entender a fidelidade de Deus?

- VIVENCIE: Como você pode praticar a sua fidelidade para com Deus?

Senhor, a Tua fidelidade nos constrange pois é maravilhosa! Grandes são os Teus planos para mim. Ensina-me a ver em cada pequena situação uma oportunidade para declarar minha fidelidade a ti. Que te agradar seja o meu prazer e que as Tuas palavras estejam sempre dentro do meu coração. Em nome de Jesus, amém!

LILIAN LENZ DE OLIVEIRA DA SILVA

@leite_condensado_confeitos

Mora em Curitiba, é esposa do Elias e mãe do Jonathan, Henrique e Leonardo. Graduada em Administração e pós-graduada em Gestão de Pessoas. Atua como professora de Confeitaria e é confeiteira gourmet. Serve na Congregação Batista Jardim Acrópole, como tesoureira e promotora de missões.

"Eu sou escolhida para que todos os povos o adorem!"

Mesmo quando a resposta demora

"Porque eu sei os planos que tenho para vocês", diz o Senhor*. "São planos de bem, e não de mal, para" lhes dar o futuro pelo qual anseiam."* JEREMIAS 29:11

A história da ressurreição de Lázaro (João 11) é mais do que um milagre. É um retrato real das nossas dores humanas — da frustração, da espera, da sensação de abandono — e, ao mesmo tempo, uma revelação da fidelidade de Deus, mesmo quando Ele parece estar em silêncio.

Marta e Maria sabiam que Jesus amava Lázaro. Elas enviaram um recado com confiança: "Senhor, seu amigo querido está muito doente"(v.3). No entanto, Jesus não foi imediatamente. Quando chegou, Lázaro já estava morto havia quatro dias.

Marta expressa o sentimento que muitos de nós já sentimos: "Se o Senhor estivesse aqui, meu irmão não teria morrido"(v.21). A frustração com a demora é real. E muitas vezes, quando nos sentimos assim, acabamos nos distanciando de Deus. A dor e a incompreensão esfriam nosso relacionamento com Ele. Silenciosamente, vamos deixando de orar, de crer, de esperar. Nós nos afastamos, como se o atraso fosse uma negação.

A postura de Marta revela o perigo da meritocracia espiritual, que enfraquece nosso relacionamento com Deus. Quando julgamos "estar em dia com Deus", esperamos uma vida sem dor. E, quando o luto ou a tragédia chegam, murmuramos: "Isso não é justo!". Mas Jesus permanece fiel, não nos julga por isso. Ele entende, não repreende. E, como com Marta, Ele nos ensina.

Maria, diferente de Marta, ao ver Jesus, não falou muito — apenas chorou e se lançou aos Seus pés. Sua dor é silenciosa e profunda. O Filho de Deus se permite sentir a dor da perda humana. Isso revela o coração gracioso de um Deus que permanece fiel mesmo quando nossa fé vacila. O Deus Todo-Poderoso, que estava a minutos de ressuscitar Lázaro, chorou antes com Maria. Esse é o mistério da empatia divina: mesmo conhecendo

Ouça Santo pra sempre, de Ana Nóbrega

Você já ouviu um "não" de Deus? Como reagiu?

o fim da história, Ele se comove no processo. Seu silêncio não é ausência. Sua demora não é negligência. Ele continua sendo o Deus que se aproxima, que sente, que restaura.

Mesmo diante da incredulidade e do luto, Jesus vai até o túmulo. Lázaro não fala, não age, não clama. Estava morto. Sua condição representa o impossível, aquilo que já ultrapassou todos os limites humanos.

E ali, onde havia morte, desespero e até mau cheiro, Jesus chama Lázaro de volta à vida. O que estava morto, Ele ressuscita. O que já não tem esperança, Ele restaura. Seu poder não depende do nosso merecimento, mas da Sua fidelidade e graça.

Você se sente como Marta? Precisa de respostas, entendimento, clareza para crer? Sente-se como Maria? Ferida, desanimada, sofrendo em silêncio? Ou talvez viva algo que se pareça com Lázaro: sem saída, perdido, sem forças?

Tenho vivido um longo período de espera há quase quatro anos. Já me vi nas posições de Marta, Maria e Lázaro. No entanto, Jesus tem demonstrado Sua fidelidade, sempre trazendo uma palavra viva à minha mente e ao meu coração. Ele é sensível ao meu choro e me ensina que tem poder para ressuscitar aquilo que eu já considerava perdido.

Se hoje você está frustrada com a demora, distante pela decepção ou sem esperança pela ausência de fé, lembre-se: mesmo quando a resposta demora, Jesus continua sendo seu amigo fiel. Ele está presente, mesmo quando não o vemos ou entendemos a situação. Ele tem planos: não de desgraça, mas de esperança (Jeremias 29:11) para cada uma de nós.

Quando tudo parecer perdido, permaneça firme. Não desista. Deus ainda está escrevendo Sua história. Ele é o Emanuel — Deus conosco. A pedra será removida. O grito de vida virá. E o que parecia perdido, viverá novamente. Creia!

- LEIA: João 11:1-44

- REFLITA: Você já achou que merecia algo por "fazer tudo certo"? Sua frustração afetou seu relacionamento com Deus? Que sentimentos a impedem de confiar plenamente?

- VIVENCIE: O que precisa ser entregue novamente a Deus? Como reacender sua fé mesmo diante do silêncio de Deus? Como praticar a graça consigo e com os outros?

Senhor, reconheço que me frustro quando a Tua resposta não vem no meu tempo. Às vezes, sinto-me merecedora por tudo o que faço, e quando as coisas dão errado, me afasto de ti. Perdoa meu orgulho disfarçado de obediência. Ressuscita e reacende minha fé, esperança e amor por ti. Quero permanecer firme nas Tuas promessas e experimentar Tua graça. Em nome de Jesus, amém.

MÉRCIA MACHADO @mercia_rmachado

Mora em Curitiba, é esposa do Rubens, mãe de Militza e Juliana, e avó do José e da Ana. É doutora em Educação, graduada em Educação Física e servidora pública federal. É membro da Igreja Batista do Bacacheri, onde atua no Ministério de Mulheres.

"Sou escolhida para encorajar e fortalecer mulheres em sua jornada de fé, ajudando-as a aprofundar seu relacionamento com Deus e viver plenamente sua identidade e propósito em Cristo, por meio de uma cosmovisão alinhada às Escrituras Sagradas!"

Posicionamento íntegro

Deus não é homem para mentir, nem ser humano para mudar de ideia. Alguma vez ele falou e não agiu? NÚMEROS 23:19

A fidelidade de Deus traz segurança para continuarmos confiando, pois tudo o que o Senhor promete Ele cumpre no momento certo, mesmo que pareça impossível. Deus é nosso modelo! Quantas vezes prometemos algo e deixamos de cumprir, falamos e não mantemos a palavra? Nisso, somos muito diferentes do nosso Deus, que não se arrepende nem descumpre as promessas que nos faz?

Por isso, é necessário praticar a fidelidade, em dias bons e maus; nos momentos de angústias, mas também nas horas de alegria; durante uma enfermidade, mas também na plenitude da saúde que vivemos pela graça do Pai. É preciso olhar para Cristo, mesmo quando Ele estiver em silêncio, ser persistente, mesmo quando as circunstâncias disserem não. Cultive a confiança, com pensamentos saudáveis e positivos, e ações verdadeiras, sem falsidades e sem máscaras, exercitando um posicionamento íntegro, a fim de alcançar um caráter espiritual que manifeste os frutos do Espírito.

Se mascararmos uma vida infiel, ocultando a verdade e vivendo sem lealdade, os frutos não serão bons. Serão como a casa construída na areia, edificada em alicerces corrompidos pela mentira, onde o vento forte vem e destrói histórias de uma vida inteira. Sem a fidelidade, esses alicerces estarão danificados, gerando uma geração fraca, estéril de compaixão, de sinceridade, de integridade e de amor. Mas, se nossa vida for construída como a casa sobre a rocha, o vento pode até soprar, mas não conseguirá abalar as fundações firmadas na fidelidade a Cristo.

Quando a vida de uma pessoa é alicerçada na fidelidade a Deus, toda a sua trajetória passa a ser construída com base na verdade. Nesse solo fértil, os frutos do Espírito brotam com saúde e plenitude — frutos de bondade, virtude e sabedoria.

A sua casa se torna um lugar de paz; sua família é edificada com firmeza; seus filhos caminham sob direção e luz; seu casamento é fortalecido

Ouça Quem é esse, de Julliany Souza

No seu dia a dia, quais são as atitudes que demonstram fidelidade?

pelo amor que vem do alto; e sua vida profissional floresce, frutificando com excelência e honra. Tudo em você se torna expressão da graça que sustenta e do amor de Cristo Jesus que transforma.

O Senhor honra aqueles que permanecem fiéis. Ao Seu tempo, Ele cumpre cada promessa feita aos que confiam nele, fazendo transbordar bênçãos que testemunham a fidelidade do Pai. Como disse Jesus: "Mas, se vocês permanecerem em mim e minhas palavras permanecerem em vocês, pedirão o que quiserem, e isso lhes será concedido! Quando vocês produzem muitos frutos, trazem grande glória a meu Pai e demonstram que são meus discípulos de verdade" (João 15:7-8).

- LEIA: Mateus 7:24-27
- REFLITA: Quantas vezes você prometeu alguma coisa e deixou de cumprir? Alguma vez o Senhor lhe prometeu algo e não cumpriu?
- VIVENCIE: Quais condutas de fidelidade você pode adotar a partir desta semana?

Senhor, ensina-me a viver com um coração fiel, que te busca não apenas nas necessidades, mas também nos dias de abundância. Dá-me constância na fé, integridade no caminhar e gratidão em todos os momentos. Quero ser um reflexo do Teu amor e da Tua verdade. Em nome de Jesus, amém.

ROGÉRIA ROSA @rogeriarosaoficial

Mora em São José dos Pinhais, é esposa do Eder e mãe do Bruno e da Brunielly. Graduada em Teologia na Faculdade Vitória em Cristo. Atua como capelã e serve no ministério do louvor e na liderança da Tarde da Benção, na Assembleia de Deus Vitória em Cristo Curitiba.

"Eu sou escolhida para louvar e ministrar a palavra de Deus, levando o evangelho de Jesus Cristo a quem se pode achar!"

Fidelidade e a armadura de Deus!

Uma palavra final:
Sejam fortes no Senhor e em seu grande poder. EFÉSIOS 6:10

Em 2008, vi uma triste notícia sobre a morte de uma menina de cinco anos, filha de um cantor cristão famoso, atropelada acidentalmente pelo próprio irmão, um rapaz de dezesseis anos.

Confesso que fiquei em choque com a trágica notícia, e tentei entender a fidelidade de Deus nessa hora. A resposta do Espírito Santo imediatamente foi: *Está na armadura de Deus sobre vocês.*

Em Efésios 6: 10-18, vemos claramente como enfrentar o dia mau. Aquele provavelmente foi o pior dia da vida desse pai, quando teve que viver o luto de uma filha e consolar o filho inocente, pela fatalidade ocorrida.

Teremos perdas, por tristezas, por dores e todo tipo de sofrimento nessa vida, mas vale lembrar que tudo passa, por mais doloroso que seja, quando estamos firmes e debaixo dessa armadura.

Deus, em Sua infinita bondade, graça e misericórdia, nos instrui a nos revestirmos e nos fortalecermos nele e no Seu poder (Efésios 6:10), pois só assim conseguiremos, mesmo em meio às tragédias, nos manter em pé. Ficaremos até mais fortes, porque é em meio à nossa fraqueza que somos fortes (2 Coríntios 12:10).

A fidelidade de Deus não está baseada em uma vida terrena abundante ou em orações sempre respondidas como gostaríamos. A fidelidade divina se baseia em nunca nos abandonar nem nos desamparar quando estivermos passando pelo vale da sombra da morte (ou por um divórcio, ou por uma perda irreparável, como a de um filho).

Ele sempre estará conosco, Ele sempre nos ampara. Isso é ser fiel! Jesus não nos prometeu uma vida livre de tristeza ou de alguma possível tragédia, mas Ele prometeu que estaria conosco, todos os dias, até a consumação dos séculos, e certamente Ele estará. Eu sou prova viva dessa fidelidade e você também é!

Ouça Digno, de Mariana Alves

Quando nos ocorre uma situação difícil de suportar, ainda é possível crer na fidelidade de Deus?

Só poderemos contar com a certeza dessa promessa se estivermos com a armadura de Deus, fortalecidas no Seu Poder, revestidos com a Sua Palavra, que é a verdade. Somente dessa forma sairemos mais fortes das tempestades da vida e nos aproximaremos muito mais do trono da graça de Deus que esteve, está e sempre estará disponível para todos que quiserem.

Como um dia eu ousei me atrever, atreva-se também a experimentar essa fidelidade hoje, mesmo se você estiver no fundo de uma cama em seus últimos dias, ou no meio de um luto, ou até vivendo uma traição de alguém que você ama.

A Palavra fala que, se estivermos no mais alto monte, o Senhor estará, e se estivermos no mais profundo vale, ali Ele também estará; basta que o busquemos, basta que mergulhemos nessa profundidade de amor e dessa fidelidade que não mudou, não muda e jamais mudará.

Eu passei por uma separação (o Senhor restaurou), vi o meu pai por anos no alcoolismo (hoje completam-se 25 anos que ele não bebe mais), passei por um câncer (estou em remissão há 8 anos) e tantas outras coisas no vale da sombra da morte que andei, mas o Senhor Jesus sempre esteve comigo e, na hora certa, Ele refez tudo de novo.

O cantor que mencionei acima viveu um luto por três anos, e depois disso, ele e sua esposa abriram uma casa para acolhimento de crianças órfãs na China. Eles seguem firmes, testemunhando que nunca tinham conhecido um amor tão profundo, uma paz tão grande e um nível de *fidelidade* tão intensa, como no período desse longo luto que toda a família viveu. O que começou com uma tragédia terminou em profundidade de relacionamento com o Pai, e a prova de que Ele é bom e permanece fiel!

- LEIA: Efésios 6; 2 Coríntios 12:10

- REFLITA: Você está revestida de todas as peças da armadura de Deus, descrita em Efésios 6?

- VIVENCIE: Que mudanças necessitam ser feitas para que você saia do vale da sombra da morte e vença essa batalha pelo poder de Deus?

Pai, aqui estou! Meu coração não está ancorado em ti como deveria, mas me coloco em Tuas mãos, porque sei que Tu nunca me abandonaste. Que hoje eu possa sentir a Tua Presença e experimentar a Tua Fidelidade. Reveste-me com a Tua armadura, para que eu suporte até o fim. Obrigada por me amparar até aqui. Em nome do Teu Filho amado, Jesus Cristo, amém.

FABIANA HILLESHAIM @hilleshaimfabiana

Mora em Saltillo, México, é esposa do Mário César e mãe da Rubya e do Isaque. Formada em Discipulado Pastoral Intensivo. Serve na Iglesia Renacer, como líder de célula e no ministério evangelístico Ca-Fé Com Propósito. Atua como executiva de vendas e escritora.

"Eu sou escolhida para evangelizar as nações, cumprindo meu propósito, descrito em Jeremias 1:5!"

Notas

Mansidão

Mas o Espírito produz este fruto: amor, alegria,
paz, paciência, amabilidade, bondade, fidelidade, mansidão
e domínio próprio. Não há lei contra essas coisas!

GÁLATAS 5:22-23

Força e descanso

Tomem sobre vocês o meu jugo [...]
e encontrarão descanso para a alma. MATEUS 11:29

Nosso dia a dia frequentemente nos testa: uma resposta atravessada, o trânsito, demandas familiares, desentendimentos. A inclinação natural pode ser a irritação ou impaciência. Mas Jesus nos convida a um caminho diferente, de força serena: a mansidão. Ele diz em Mateus 11:29: "Tomem sobre vocês o meu jugo. Deixem que eu lhes ensine, pois sou manso e humilde de coração, e encontrarão descanso para a alma".

Que convite maravilhoso! Jesus não apenas *ensina* sobre mansidão, Ele *é* manso e humilde. Aprender dele é observar Seu exemplo: Sua paciência diante das acusações, Sua calma nas tempestades, Sua submissão ao Pai. O "jugo" que Ele oferece não é um peso, mas uma parceria, aprendendo Seu ritmo de graça. Diferente dos fardos que o mundo (ou nós mesmas) impõe (como a busca por reconhecimento, o perfeccionismo, o medo), o jugo de Cristo leva ao descanso verdadeiro, uma paz que floresce na confiança nele, independente das circunstâncias.

Mansidão na prática não é fraqueza ou passividade. É força sob controle, a calma e o respeito mesmo sob provocação. É escolher a resposta amável que acalma "o furor" (Provérbios 15:1), em vez da palavra dura que gera conflito. Pense na colega que critica injustamente; em vez de revidar, respire fundo, busque entender e responda com respeito. Ou ao lidar com a teimosia dos filhos, escolha a firmeza amorosa em vez dos gritos. A mansidão é um fruto precioso do Espírito (Gálatas 5:22-23), parte da nossa identidade em Cristo, como povo escolhido chamado a se revestir de "compaixão, bondade, humildade, mansidão e paciência" (Colossenses 3:12).

Cultivar a mansidão exige intencionalidade e dependência de Deus. Não a conquistamos sozinhas. Precisamos pedir ao Espírito Santo que nos molde, ajudando-nos a ser menos reativas e mais como Jesus. Isso envolve humildade, reconhecendo nossa necessidade da graça divina, e "[aceitar] humildemente a palavra" (Tiago 1:21), permitindo que ela transforme nosso interior. Significa praticar o perdão, liberar amargura e responder com gentileza, instruindo "com mansidão aqueles que se opõem" (2 Timóteo 2:25).

Abraçar a mansidão é abraçar o caráter de Cristo. Traz descanso à alma, restaura relacionamentos e glorifica a Deus. Aceitemos o convite de Jesus, nos aproximando dele para aprender a viver com um coração manso e humilde.

Ouça Manso e humilde, de Missão Compaixão

Pense em uma pessoa que você admira pela calma e paciência. Que atitudes dela mais inspiram você a buscar a mansidão no seu dia a dia?

- LEIA: Tiago 3:13-18

- REFLITA: Como a promessa de "descanso para a alma" em Mateus 11:29 se conecta com a prática da mansidão e humildade no exemplo de Jesus?

- VIVENCIE: Qual situação frequente testa sua paciência? Que passo prático, buscando a mansidão de Cristo, você pode dar essa semana para reagir diferente?

Querido Pai, reconheço minha dificuldade em ser mansa como Jesus foi. Perdoa minhas reações impacientes e palavras ásperas. Peço que Teu Espírito Santo me ensine e me transforme dia após dia, moldando em mim um coração verdadeiramente manso e humilde. Ajuda-me a encontrar descanso seguro em ti e a refletir Tua graça aos outros. Em nome de Jesus, amém.

AMANDA SANDOVAL @a.diasandoval

Mora em Curitiba, é esposa do Pr. Jhonata e mãe da Katherine e do Anthony. Atua como assessora administrativa-jurídica e como Pastora Auxiliar na Assembleia de Deus Vitória em Cristo Curitiba, e na comunidade em que está inserida.

"Eu sou escolhida para encorajar mulheres a viverem com propósito, fé e entrega, entendendo que é possível conciliar maternidade, ministério e vocação com graça e plenitude!"

Chamado à missão

Buscai o Senhor, vós todos os mansos da terra, que cumpris o seu juízo; buscai a justiça, buscai a mansidão; porventura, lograreis esconder-vos no dia da ira do Senhor. SOFONIAS 2:3 (ARA)

Neste texto, o profeta Sofonias faz uma convocação ao povo de Judá para o arrependimento, e evidencia a necessidade de buscar as virtudes espirituais, como a mansidão, para se alcançar o agradar o Pai até o dia do juízo. Ser manso tem a ver com a maneira que somos e agimos. Quando pensamos em alguém com esta característica, logo lembramos de uma pessoa tranquila, calma e serena; que parece ser mais equilibrada e humilde.

Vivemos tempos em que as pessoas mansas parecem estar em extinção, porém como imitadores de Cristo, devemos buscar esta qualidade (Mateus 11:29), sermos oásis no deserto, pausa na correria, quietude na gritaria, enfim, seguirmos firmes na contramão desta vida frenética. Afinal, o Senhor nos convocou para isso.

Quando o profeta chama "os mansos da terra" a buscar o Senhor, ele se dirige àqueles que são humildes de coração, os quais se propõem a obedecer e se submeter a vontade do Pai, muitas vezes, sem questionar ou duvidar, porque a mansidão também tem a ver com confiança. E essa confiança alimenta essa forma de ser, a qual traz segurança aos que estão em volta.

Devemos buscar a mansidão ao contraponto desse mundo tecnológico cheio de telas, acelerado e imediatista. Como consequência desse mundo acelerado, temos as dificuldades de sono, de relacionamentos, de ter e dar atenção ao próximo e por aí vai. A impressão é que o ser humano está cada vez mais agitado; seja por dentro com seus pensamentos incessantes, angústias e medos, ou por fora, com as demandas do mundo cheio de afazeres, cobranças e metas a cumprir. São cobranças internas e externas o tempo todo. Somos cobrados e cobramos também dos que estão ao nosso redor. Queremos alcançar a perfeição, mas será que ela realmente existe?

Ouça Calmo, sereno e tranquilo, de Paulo Cézar

Você tem se permitido momentos para contemplar, pensar, apreciar? Quem é Deus para você? Em que se parece com Ele?

O exemplo de Cristo Jesus nos mostra que Ele é a real personificação desta palavra (Provérbios 4:18). Somos chamados a buscar a justiça e o amor, a saber viver de acordo com os padrões e mandamentos estabelecidos pelo próprio Deus. Padrões do Reino divino, de retidão de vida e caráter. Chamados a viver a missão em amar o próximo como a nós mesmos (Mateus 22:39). O nosso olhar não pode ser fixado em uma tela na maior parte do tempo e sim aberto para o que acontece fora dela, para as pessoas. Fomos criados para sermos relacionais e intencionais no cuidado com o outro. Ao cultivarmos a mansidão, que se traduz em serenidade, humildade, paciência, dentre outros atributos, adquirimos uma importante ferramenta nesse processo de relacionamentos, ainda que em meio a tempos difíceis e turbulentos.

A humanidade está adoecendo pela falta dessa famigerada calmaria. Tudo grita à nossa volta, tudo é rápido e passageiro. Tudo é descartável, sempre se está à espera da próxima novidade, do próximo *meme*, da próxima fofoca, da próxima futilidade. Nesse emaranhado de informações, pode ser cansativo demais até mesmo aprofundar discussões ou pensamentos sobre temas relevantes e que nos são importantes. Como responder a essa agitação constante?

O tempo de mudança é agora, nunca é tarde para melhorarmos e agirmos de maneira acolhedora com ouvidos para ouvir e ombros para recostar a cabeça daqueles que choram. Estar presente por inteiro para si e para o outro. Não anestesiados como muitos parecem viver, um viver sem sentir. Somos falhos, mas procurando acertar; errando, mas pedindo perdão; sendo a brisa suave na tempestade. Como já falado, imitadores de Cristo.

O profeta naquela época chamava seu povo a ser este tipo de pessoa e a buscar essas qualidades para que, no dia da ira do Senhor, do julgamento, ou seja, no dia mau, achássemos alívio e esperança de estarmos preservados e de agradarmos o coração do Pai através de nossa postura e ação.

A graça divina está disponível para todos, mas os que têm esse coração manso, obediente e humilde são mais atentos e sensíveis à voz do Senhor. O chamado do profeta serve para os nossos dias. Ele é atual. Você está ouvindo?

- LEIA: 1 Pedro 3:15; Tiago 3:13

- REFLITA: Como minha família me enxerga? Contribuo para a calma nos ambientes onde estou? Como tenho me portado frente aos desafios deste mundo conectado e acelerado?

- VIVENCIE: O que você pode fazer para se tornar mais mansa? Você crê que a mansidão nos leva a ser mais parecidas com o Pai? Como aquietar as várias falas e urgências à sua volta que, às vezes, a afastam de Deus?

Querido Deus, faz de mim uma filha de coração manso e humilde para que eu possa ouvir a Tua voz e obedecê-la; para que eu saiba acolher o meu irmão; a fim de que eu seja mais parecida contigo e encontre favor diante do Senhor; para que o Teu Reino seja propagado aqui na Terra e as pessoas te encontrem por meio da minha vida. Em nome de Jesus, amém.

ANDREA CARNEIRO DA CUNHA FOLLY @andreafolly

Mora em Curitiba, é esposa do Welington e mãe da Ana, João e Raquel. Atua como cirurgiã dentista em clínica geral, com especialização em ortodontia e atualização em implantodontia. Serve na Igreja Batista do Bacacheri, como líder de pequenos grupos multiplicadores.

"Eu sou escolhida para servir a Cristo e ao próximo, para orar com e por pessoas e para promover sorrisos!"

O Mestre, um espelho da mansidão

Deixem que eu lhes ensine, pois sou manso e humilde de coração... MATEUS 11:29

Todas as pessoas nascem com três necessidades básicas: amor, aceitação e aprovação. Muitas de nós, mulheres, buscamos atender essas necessidades usando um "espelho" distorcido, o que nos leva à frustração. Devido à perspectiva distorcida, exigimos demais de nós mesmas ou nos sabotamos. Em relação a Deus, sentimos constante dívida e, com os outros, oscilamos entre cobrança e complacência. Isso gera um fardo pesado e cansaço profundo.

Nosso desafio hoje é vermos de frente os nossos relacionamentos mais próximos (nosso lar) e, depois, os demais ao nosso redor. Jesus nos convida ao descanso e nos apresenta a mansidão como parte de Sua identidade. Diferentemente do posicionamento feminino proposto pela cultura atual, que nos desgasta, Jesus oferece um caminho gentil: aprender dele, manso e humilde de coração, em quem encontramos descanso e dignidade verdadeira.

A palavra "manso" refere-se à brandura de espírito. Ela é evidenciada em situações de conflitos, injustiças e ameaças. É a escolha de não reagir com dureza, mesmo tendo poder ou razão para fazê-lo, em benefício do outro. O todo-poderoso Jesus escolheu o caminho da entrega e da confiança no controle soberano do Pai. Mansidão é a força que se submete ao controle divino. O Mestre, diante de homens maus, calou-se, não se justificou, não usou violência para estabelecer Seu Reino, olhou com brandura. Jesus submete-se ao controle do Pai quando desafiado, pois a mansidão é inerente a Ele, ainda que pudesse mudar todo e qualquer quadro com apenas um comando.

Somos chamadas a refletir essa imagem, manifestando mansidão especialmente com quem mais convivemos, mesmo que nos firam, irritem ou provoquem. Só o Espírito pode gerar esse fruto do Espírito em nosso interior. O convite é aprender com nosso Mestre, investir tempo conhecendo-o nas Escrituras e permitir que o Espírito Santo nos molde conforme Sua imagem e semelhança. Confiar em Deus, mesmo em meio aos conflitos, e abrir mão do controle e manipulação de circunstâncias: isso é ser mansa! Jesus é o espelho perfeito! Há um descanso em não precisar corresponder a nenhuma outra imagem a não ser a daquele que é manso e humilde de coração. A partir de hoje, que nossa decisão seja ver-nos a partir do modelo de Cristo e encontrar mansidão em nosso olhar, falar e agir.

Ouça Você é, de Samuel Moraes

Você já sentiu o desconforto de ver algo diante do espelho que está a incomoda, mas não conseguir perceber exatamente o que é?

- LEIA: Filipenses 2:1

- REFLITA: Há características da mansidão de Jesus manifestas em você?

- VIVENCIE: Liste situações que mais irritam você em alguém ou na sua rotina. Apresente ao Senhor e peça-lhe instruções de como exercer mansidão nos momentos desafiadores. Anote as instruções e busque aplicá-las.

Pai querido, sou grata pelo amor, aceitação e aprovação que temos em Jesus, o mestre que me convida a descansar nele e a aprender do Teu coração manso e humilde. Preciso dessa mansidão e confio em ti para produzires este fruto em mim. Em nome de Jesus, amém!

RAQUEL ROMAGNOLI @raquelromagnoli
Mora em Curitiba, é esposa do Pr. Michael e mãe da Elisa e do Arthur. É formada no Centro de Missões do Diante do Trono. Atua como *personal organizer*, é idealizadora da LaRomagnoli – escola para o lar, curso voltado para ensinar mulheres o plano divino de organização das suas casas. É membro na 1ª Igreja Batista Independente de Curitiba.
"Eu sou escolhida para transformar lares!"

A força que se revela no amor

Sejam sempre humildes e amáveis, tolerando pacientemente uns aos outros em amor. EFÉSIOS 4:2

Sou a filha mais nova e, por bastante tempo, também fui a neta caçula. Isso significa que, desde cedo, precisei aprender a me defender. Meus pais sempre valorizaram a iniciativa e nos ensinaram a enfrentar problemas com coragem. Como resultado, desenvolvi uma personalidade colérica — prática, decidida e enérgica. Durante anos, achei que isso era apenas parte de mim. Mas, em certo momento, o Senhor começou a me mostrar que essa força, quando não temperada com graça, acabava me tornando áspera e dura com os outros. Mesmo mantendo uma calma aparente, meu interior muitas vezes reagia com impaciência.

Foi então que compreendi: a mansidão não é fraqueza, mas sabedoria sob controle. É o Espírito Santo nos guiando para responder com amor onde antes haveria dureza. Mansidão é optar por ouvir com paciência o marido em vez de interromper com razão. É escolher não gritar com os filhos quando a casa está um caos, mas ensinar com firmeza e amor. É responder com serenidade à crítica injusta no trabalho, confiando que Deus é o nosso defensor (Salmo 37:11). A verdadeira força, aos olhos de Deus, muitas vezes se revela por meio da mansidão.

Em Efésios 4:2, Paulo nos chama a viver com humildade e mansidão, suportando-nos uns aos outros em amor. Em Tiago 3:13, lemos que a verdadeira sabedoria se mostra num espírito manso. E em 1 Pedro 3:4, Deus elogia o "amável e sereno", que tem grande valor aos Seus olhos.

Jesus é nosso exemplo (veja Mateus 11:29). Ele tinha todo o poder, mas escolheu a gentileza. Ao permitirmos que o Espírito molde nosso caráter, a mansidão transforma nossos lares, relacionamentos e reações. A mulher mansa não é menos forte — ela é forte do jeito certo: parecida com Cristo.

- LEIA: Mateus 5:5; Tiago 1:19-20; Gálatas 5:22-23; Provérbios 15:1

- REFLITA: Em quais situações da sua vida você tem dificuldade de agir com mansidão?

- VIVENCIE: Qual atitude prática você pode adotar esta semana para responder com mansidão em uma situação que normalmente despertaria impaciência ou dureza?

Senhor, ensina-me a viver com um coração manso e humilde como o Teu. Ajuda-me a responder com amor, mesmo quando sou provocada ou ferida. Que o Teu Espírito Santo molde meu caráter, para que eu seja uma mulher que promove a paz e revela Tua graça nas palavras e atitudes. Que eu reflita a beleza da mansidão que vem de ti. Em nome de Jesus, amém.

Ouça Deus Está no Controle, de Adriana Arydes

O que significa ser uma mulher forte aos olhos de Deus? Você já se sentiu desafiada a manter a calma quando tudo ao seu redor parecia exigir uma reação impulsiva?

AUDREY NOVAC RIBEIRO @audreynovacribeiro

Mora em Curitiba, é esposa do Antero e mãe da Yasmin e Alyssa. Diaconisa da PIB Curitiba, lidera o movimento Esposas de Legendários e fundou o Mulheres em Oração, mobilizando mulheres intercessoras no Brasil e no exterior. É pregadora e ministra a mulheres no Brasil e no exterior.

"Eu sou escolhida para inspirar, interceder e liderar mulheres no caminho da fé!"

Calma, serena e tranquila

Em vez disso, vistam-se com a beleza que vem de dentro e que não desaparece, a beleza de um espírito amável e sereno, tão precioso para Deus. 1 PEDRO 3:4

Vivemos uma geração que tem sido bombardeada com palpites e imposições sobre como deve ser a postura da mulher: empoderada, independente e autossuficiente, entre outras sugestões que nos são feitas diariamente. Em apenas alguns minutos navegando nas redes sociais, recebemos enxurradas de conteúdos que são antagônicos aos princípios e direcionamentos que recebemos da Palavra de Deus.

Tenho o privilégio de ter uma mãe muito piedosa, temente a Deus e sábia. Seu amor a Jesus e à Sua Palavra é tão profundo e intenso que ela me alfabetizou a partir de versículos da Bíblia. Tendo quatro filhos e um esposo que era mais ausente por motivo de trabalho, o desafio de nos ensinar no Caminho era gigantesco para ela. Hoje vejo quanta graça Deus deu a ela pelo Espírito Santo para nos conduzir e educar.

Uma das estratégias que ela usou conosco diz respeito a treinarmos nosso cérebro a ser manso nas ações e reações. Em nossa casa sempre havia louvores tocando, e um dos louvores recorrentes era "Calmo, sereno e tranquilo" do grupo *Logos*. Não foram poucas as vezes que, em momentos de explosão e reações de ira, ela nos fazia repetir: "Eu sou calma, serena e tranquila", até de fato nos acalmarmos.

Como disse o apóstolo Pedro, a verdadeira beleza que vem de dentro não desaparece, e o segredo é termos um espírito manso e sereno que é tão precioso para Deus (1 Pedro 3:4). Como mulheres que amam a Jesus em primeiro lugar, devemos buscar esse lugar de mansidão e serenidade, que não diz respeito ao temperamento que temos ou à história pregressa, mas à escolha de sermos guiadas pelo Espírito Santo de Deus, renovando diariamente nossa mente através da Palavra.

A mansidão é uma marca que impacta vidas. Agir e reagir com mansidão muitas vezes "fala" mais alto que palavras, discursos ou justificativas.

Que você escolha hoje ter essa expressão visível do caráter de Cristo em sua vida.

Ouça Coração igual ao teu, de Diante do Trono

Como você tem reagido perante as pressões ou aquilo que lhe traz desconforto?

- LEIA: 1 Pedro 3; Colossenses 3:12-14; 2 Timóteo 2:24-26
- REFLITA: Em que momentos a mansidão tem faltado na sua vida? Você consegue enxergar momentos em que é necessário mais calma e ponderação antes de agir?
- VIVENCIE: Quais são as atitudes que você pode ter para trazer a mansidão para o seu dia a dia de maneira prática? Faça uma lista e cumpra-as durante a próxima semana.

Senhor Jesus, preciso aprender de ti, que és manso e humilde de coração. Que minhas ações e reações possam ser a expressão visível do Teu caráter em mim. Ajuda-me a estar cada dia mais parecida com o Senhor e a exercer a mansidão no meu cotidiano. Sê comigo nessa caminhada e me ajuda a ser, a cada dia, uma mulher melhor. Em nome de Jesus, amém.

VANESSA ALMADA CAMPOS @acamposvanessa

Mora em Orlando (Flórida), é esposa do Pr. Charles e mãe da Ester. Graduada em Pedagogia e pós-graduada em Psicopedagogia Clínica e Institucional. Serve como pastora na Igreja Batista da Lagoinha Orlando. Atua na equipe de Coordenação do Seminário Carisma Orlando.

"Eu sou escolhida para levar a mensagem de salvação e restauração da identidade em Cristo, por meio do ensino e amor à Palavra!"

Notas

Domínio próprio

*Mas o Espírito produz este fruto: amor, alegria,
paz, paciência, amabilidade, bondade, fidelidade, mansidão
e domínio próprio. Não há lei contra essas coisas!*

GÁLATAS 5:22-23

Uma muralha interior

Quem não tem domínio próprio
é como uma cidade sem muros. PROVÉRBIOS 25:28

Nos tempos antigos, as muralhas serviam como proteção às cidades, pois uma cidade sem muralhas era um alvo fácil para inimigos e ataques. A analogia usada em Provérbios 25:28 é clara — aquele que não se domina é comparado a uma cidade sem muros: vulnerável, sem proteção, exposta a todo tipo de invasão e ataques.

Emoções desenfreadas e reações impulsivas podem abrir brechas e rupturas em nossas vidas, em nossos relacionamentos, nas escolhas que fazemos de forma precipitada e muitas vezes no nosso compromisso e intimidade com Deus.

É essencial entender que o domínio próprio não é a anulação dos sentimentos, mas o alinhamento deles com a vontade de Deus. Como Paulo explica, o "atleta precisa ser disciplinado sob todos os aspectos. Ele se esforça para ganhar um prêmio perecível. Nós, porém, o fazemos para ganhar um prêmio eterno" (1 Coríntios 9:25). Assim é com o autocontrole e disciplina: um exercício constante, motivado por um propósito maior.

O domínio próprio, portanto, é mais do que conter a raiva ou evitar palavras duras: é cultivar uma estrutura interna de segurança que se sustenta na proteção que encontramos somente no Senhor.

A vida cristã nos convida a viver de forma equilibrada: "estejam todos prontos para ouvir, mas não se apressem em falar nem em se irar" (Tiago 1:19). Essa é uma disciplina espiritual que exige humildade, percepção e dependência do Senhor.

É no cotidiano que esse fruto do Espírito é testado e cultivado. No trânsito, na criação dos filhos, no casamento, no ambiente de trabalho. Domínio próprio é resistir ao impulso de revidar, é decidir com sabedoria quando falar ou silenciar, é manter-se firme na verdade quando tudo convida à desordem emocional.

Não se trata de perfeição, mas de maturidade. Mulheres que vivem sob a direção do Senhor aprendem que o autocontrole é um testemunho vivo de transformação. Em um mundo que valoriza respostas imediatas e reativas, escolher o caminho do discernimento e da moderação é um ato de coragem e fé.

Permita que o Espírito Santo de Deus ajude você a construir este muro de proteção na sua vida que é o domínio próprio.

Ouça Espírito Santo, vem, de Gabriela Rocha

Já houve momentos em sua vida que você percebeu que suas emoções e sentimentos pareciam desenfreados? Como você reagiu?

- LEIA: 2 Pedro 1:5-8

- REFLITA: Quais emoções e reações impulsivas e desenfreadas têm o impedido de viver plenamente o que Deus deseja para você?

- VIVENCIE: Escreva algumas práticas que você pode fazer esta semana para exercitar mais autocontrole nas suas relações.

Senhor, ensina-nos a viver com sabedoria, controlando as nossas palavras, emoções desenfreadas e sentimentos impulsivos. Que possamos crescer no Teu amor e refletir a Tua paz em nossas atitudes. Que o Teu Espírito nos conduza em todo tempo construindo em nosso interior muros de proteção nos guardando e protegendo. Em nome de Jesus, amém!

RAQUEL G. DE ABREU SILVA @raquelgomesdeabreu

Mora em Curitiba, é esposa do Elizeu e mãe de Henrique, Helena e Heloisa. Graduada em Teologia, certificada em Resolução de Conflitos, Aconselhamento Pastoral e capelania, e idealizadora do Movimento Mulheres de Sucesso. Serve na Igreja Batista Sião como pastora auxiliar e mentora do Curso Experiência do Lar.

"Eu sou escolhida para levar e inspirar mulheres a viverem sua identidade em Cristo e a encontrarem seu verdadeiro sucesso!"

O caminho para a paz

Davi respondeu a Abigail: "Louvado seja o SENHOR, Deus de Israel, que hoje a enviou ao meu encontro! Graças a Deus por seu bom senso!". 1 SAMUEL 25:32-33

Em 1 Samuel 25, temos um ótimo exemplo do domínio próprio transformando uma situação delicada. A história nos mostra (vv.2-13) que Nabal, agindo sem pensar e de modo arrogante, recusou-se a ajudar Davi e seus homens, chegando a insultá-los, mesmo após estes terem protegido os servos e o rebanho de Nabal. Davi, irado e também agindo sem autocontrole, decidiu se vingar e matar Nabal, sua família e seus servos.

Percebemos que a falta de domínio próprio não traz consequências apenas a quem age assim, refletindo também em terceiros. A insensatez de Nabal colocou em perigo sua família. A ira de Davi quase gerou um derramamento de sangue que, caso fosse concretizado, lhe causaria tristeza e pesar. Agir sem autocontrole pode levar a uma devastação que sequer imaginamos.

Mas, felizmente, esse não foi o fim da história. Abigail, esposa de Nabal, ao saber o que havia ocorrido, nos dá uma aula de domínio próprio (vv.14-31). Ao ouvir que sua família morreria, ela não se desesperou. Controlou suas *emoções* e agiu rápido, não por impulso, mas com sabedoria. Controlou suas *ações* e pensou em uma solução antes do encontro que teria com o futuro rei Davi. Ela preparou presentes para Davi e seus homens, foi ao encontro dele e, com humildade, controlou também suas *palavras*. Pediu perdão pelo erro do marido com palavras humildes, mas firmes, cheias de respeito e fé: "Quando o SENHOR tiver feito tudo que prometeu e o tiver colocado como líder de Israel, não haverá em sua consciência a tristeza e o peso de ter derramado sangue e se vingado sem necessidade" (vv.30-31).

Diante do agir de Abigail, Davi louvou a Deus por ela ter ido ao seu encontro, aceitou os presentes e desistiu da vingança: "Louvado seja o SENHOR, Deus de Israel, que hoje a enviou ao meu encontro! Graças a Deus por seu bom senso! [...] Volte para casa em paz. Ouvi o que você disse e farei o que me pediu" (vv.32-35).

Ao agir com domínio próprio, Abigail transformou uma situação caótica em um encontro pacífico, evitou um conflito mortal e ainda foi exaltada por sua conduta.

Ao exercer o domínio próprio, Abigail teve: a) *iniciativa sem impulsividade:* não esperou o pior acontecer; agiu rápido, mas com controle de suas emoções, ações e palavras; b) *humildade:* não tentou defender a má ação do marido, mas pediu perdão e buscou a paz; c) *fé:* reconheceu que o Senhor tinha propósitos na vida de Davi. Que lição a ser aprendida e colocada em prática!

Ouça Sonda-me, usa-me, de Aline Barros

Você já presenciou uma situação em que alguém com domínio próprio mudou o rumo da situação?

- LEIA: 1 Samuel 25

- REFLITA: Muitas vezes agimos impulsivamente e sem considerar as consequências, como Nabal e Davi. Quais das características da atitude de Abigail você precisa desenvolver?

- VIVENCIE: Inúmeras são as oportunidades para exercitar o domínio próprio. Que ações você pode implementar na sua atitude no trânsito, nas redes sociais e em casa?

Senhor, ensina-me a não me deixar levar por minhas emoções. Que eu reflita se estou abençoando meu contexto antes de cada palavra ou ação. Usa-me para cessar conflitos e promover a paz. Amém.

PRISCILA FERREIRA @a.priscila.ferreira

Mora em Curitiba, é esposa do Pr. Marcos Paulo e mãe do Samuel e da Sophia. Graduada e pós-graduada em Direito, atua como analista processual do Ministério Público Federal. Serve na Igreja Batista do Bacacheri, nos ministérios de família, mulheres e como coordenadora de pequenos grupos multiplicadores.

"Eu sou escolhida para auxiliar mulheres e famílias a caminharem junto com o Pai!"

Equilíbrio na maturidade

Quando eu era criança, falava, pensava e raciocinava como criança. Mas, quando me tornei homem, deixei para trás as coisas de criança. 1 CORÍNTIOS 13:11

Lembro-me no final de minha segunda gravidez, um período precioso, mas que teve um episódio em que minha impulsividade veio à tona. Movida pela ansiedade, fui antes do tempo à maternidade e tive que voltar para casa para esperar mais alguns dias. O Senhor trouxe paz e domínio próprio ao meu coração, e meu bebê só nasceu mesmo após completar 40 semanas.

Baseado na mensagem de Paulo aos coríntios, percebemos a fundamental importância da maturidade em nossa fé. Assim como uma criança age movida por impulsos e um amor ainda em desenvolvimento, a falta do domínio próprio pode nos levar a ações e reações precipitadas, carentes da sabedoria e do discernimento que o crescimento em Cristo nos proporciona. Paulo nos convida a abandonar essa infantilidade espiritual, buscando a maturidade que nos capacita a amar e agir de maneira mais reflexiva, fundamentada nos princípios do evangelho e guiada pelo Espírito Santo.

À medida que progredimos em nossa jornada cristã e aprofundamos nossa fé, gradualmente abandonamos qualquer resistência à liderança do Espírito Santo. Ao nos entregarmos à Sua direção, permitimos que o caráter de Cristo floresça em nós, o que representa um dos ápices da maturidade cristã. Esse processo de entrega e desenvolvimento nos transforma cada vez mais à imagem de nosso Salvador.

A atuação do Espírito Santo em nós se manifesta em um processo transformador. Ele opera em nosso íntimo, moldando nosso caráter de dentro para fora. Essa obra interna se reflete em uma conduta aprimorada e em uma disposição para acolher a correção em áreas que nos afastam dos princípios divinos. Ao nos tornarmos mais sensíveis à voz do Espírito, desenvolvemos uma crescente consciência de nossas ações e reações. Essa clareza nos liberta da impulsividade, que muitas vezes nos leva a decisões e palavras que geram consequências dolorosas e, por vezes, irreparáveis em nossos relacionamentos e em nossa jornada de fé. A ação contínua do Espírito Santo nos capacita a agir com mais sabedoria e temperança, refletindo o caráter de Cristo em cada aspecto de nossa vida.

Ouça Vasos quebrados, de Marine Friesen

Você já agiu impulsivamente quando a circunstância lhe pedia equilíbrio e autocontrole?

- LEIA: Provérbios 16:32
- REFLITA: Quais circunstâncias a levaram ao desenvolvimento de maturidade e à prática do domínio próprio?
- VIVENCIE: Quais passos você pode dar para ter mais domínio sobre seus pensamentos ou ações numa área em que busca autocontrole?

Deus Pai, agradeço-te pelo agir do Espírito Santo em nós e por podermos ser semelhantes a Cristo. Ajuda-nos a amadurecer na fé, desenvolvendo o domínio próprio, tornando-nos sensatos e sábios no convívio, vigilantes em nossos atos, para que nosso agir te glorifique. Em nome de Jesus, amém.

RENATA ARANTES @renataarantespsi

Mora em Curitiba, é esposa do Guilherme e mãe da Sarah e do Emannuel. Psicanalista cristã e capelã escolar na Escola Grace, cuidando da saúde espiritual/emocional de funcionários, oferecendo aconselhamento e intercessão. Membro da igreja Aba.

"Eu sou escolhida para, através do amor e compaixão de Cristo, libertar mulheres, permitindo que vivam sua verdadeira filiação em Deus e encontrem seu propósito!"

Poder interior

Pois Deus não nos deu um Espírito que produz temor e covardia, mas sim que nos dá poder, amor e autocontrole. 2 TIMÓTEO 1:7

No caminhar cristão, somos constantemente desafiadas a exercer o domínio próprio. O mundo clama por satisfação imediata e cede facilmente aos impulsos, mas a Palavra de Deus nos convida a cultivar uma força interior que vai além da nossa capacidade natural. O apóstolo Paulo nos lembra que esse poder não vem de nós mesmas, mas é um presente divino, acompanhado de amor e autocontrole.

Pensemos nas diversas áreas de nossa vida onde o domínio próprio é essencial: nas palavras que proferimos, nos pensamentos que cultivamos, nas reações diante das adversidades, no uso do nosso tempo e recursos. Quantas vezes nos vemos lutando contra a procrastinação, a irritabilidade, os gastos impulsivos ou a dificuldade em manter hábitos saudáveis? Essas batalhas diárias revelam a importância de buscarmos o autocontrole que o Espírito Santo nos capacita a ter.

O domínio próprio não significa repressão ou viver sob regras pesadas. Pelo contrário, ele nos liberta para fazermos escolhas que honram a Deus e nos conduzem a uma vida mais plena e intencional. Ao aprendermos a governar nossos impulsos e desejos à luz da Palavra, experimentamos a paz que excede todo entendimento e nos tornamos instrumentos mais eficazes nas mãos do Senhor.

Quantas vezes já precisei parar e entender quais eram as emoções que estavam predominando na minha vida em determinadas situações! Quantos momentos difíceis vivi que fecharam meu coração, quantas vezes eu deixei de abençoar pessoas por não saber controlar as minhas emoções, e tudo isso só demonstrava que eu não estava sendo boa comigo mesma, mostrando que a crueldade tem vindo na minha vida e tem deixado feridas e dores me pararem. Sinto que Deus está me ensinando a dirigir as minhas emoções e mente, pois, do contrário, as emoções podem me levar para um lugar sombrio – onde não conseguiremos avançar no que Deus nos pediu para sermos.

Ouça Jesus, de Cultura do Céu

Você já falou ou fez algo impulsivo e se arrependeu em seguida? Como se sentiu?

Deus não perdeu o controle. Ele nos ensina a o buscarmos em todos os momentos, em todas as situações, a confiar no nosso Senhor para que Ele governe nossas emoções. Nós somos privilegiadas de termos o Espírito Santo como nosso ajudador e consolador, que nos capacita a ter o verdadeiro domínio próprio sobre a nossa natureza pecaminosa, para resistir às tentações e viver de acordo com a vontade de Deus. O domínio próprio é um sinal da atuação do Espírito Santo em nós.

- LEIA: Provérbios 16:32

- REFLITA: Ao lembrar de um problema, quais sentimentos surgem? Saber que Deus lhe deu um espírito de autodisciplina muda como você lida com os problemas?

- VIVENCIE: Em que áreas da sua vida o domínio próprio precisa ser fortalecido? Defina uma ação prática e pequena que você pode realizar hoje mesmo para treinar sua autodisciplina.

Pai, agradeço por me dares um espírito de poder, amor e domínio próprio. Preciso da Tua ajuda para exercer maior autocontrole. Capacita-me a fazer escolhas que te honrem. Amém!

DANIELLA PICCININ SOARES KIRSTEN @daniellakiirsten

Mora em Curitiba, é esposa do Lauro e mãe da Maria Vitória e do João Pedro. Graduada em Direito, especialista em Perfil Comportamental, Comunicação e Liderança. Formada em Coaching e Desenvolvimento Pessoal, Profissional e Emocional. Com 13 anos de experiência, é palestrante nacional e internacional e sócia-franqueada da Febracis Curitiba.

"Eu sou escolhida para liderar, ensinar e transformar pessoas, especialmente na área de desenvolvimento mental e emocional!"

Mantendo os olhos fixos em Cristo

E "não pequem ao permitir que a ira os controle". Acalmem a ira antes que o sol se ponha. EFÉSIOS 4:26

No início do nosso ministério, assumimos uma pequena igreja na Região Metropolitana de Curitiba. Apesar de seu tamanho, os desafios eram grandes. Em meados de 2004, recebemos em nossa casa um missionário vindo do Chile. Como forma de agradecimento pela hospitalidade, ele me presenteou com um livro que acabou se tornando uma leitura transformadora. A obra trata do desenvolvimento do fruto do Espírito, voltado especialmente para as mulheres. À medida que lia cada capítulo, fui levada à reflexão e ao reconhecimento das áreas da minha vida que precisavam ser cuidadas e transformadas. Admitir essas necessidades de mudança não foi fácil, mas foi essencial.

Paulo orientou a igreja, em Efésios 4, sobre a unidade do corpo de Cristo. O apóstolo nos exorta a viver com humildade, amabilidade e paciência, suportando uns aos outros em amor. Devemos estar unidos pelo Espírito, vivendo em paz, pois somos um só corpo, temos uma só fé e servimos ao mesmo Deus. Em seguida, Paulo nos desafia a viver como filhos da luz, abandonando os pensamentos vazios e a escuridão da mente endurecida. Ele nos chama a deixar a velha natureza para trás, a renovar nossas atitudes e a nos revestir de uma nova vida, moldada pelo Espírito que habita em nós.

Já na carta aos Gálatas, Paulo fala sobre a liberdade que temos em Cristo, conquistada na cruz. Ele nos alerta a não voltar à escravidão da velha natureza, mas a usar essa liberdade com amor. Em seguida, ele trata da vida guiada pelo Espírito, em contraste com a natureza humana. Esses dois textos se complementam, mostrando que a verdadeira transformação ocorre quando vivemos segundo o Espírito e não mais segundo a carne.

Quantas vezes somos influenciadas por emoções e circunstâncias, falando sem pensar e ferindo quem está ao nosso redor, muitas vezes aqueles que mais amamos? Assim como cada parte do corpo tem uma função, o fruto do Espírito também tem sua importância. Para mim, é fácil amar, alegrar-me, viver em paz, ter paciência, demonstrar bondade e mansidão... Mas, entre todos os aspectos do fruto do Espírito, o domínio próprio é, para mim, o mais difícil de desenvolver.

Ouça Eu te entrego o meu dia, de Israel Salazar

Você já se irou? Quando isso acontece em nossas vidas temos o domínio próprio? Traga à sua memória momentos em que já se sentiu irada. Agora ore e, se necessário, peça perdão a Deus.

Se refletirmos sobre Gálatas 5:22, veremos que, sem o domínio próprio, os demais frutos também se enfraquecem. Quando não permitimos que o Espírito nos conduza, corremos o risco de voltar a viver como a nossa velha natureza pecaminosa.

Firmados na Palavra de Deus, não somos enganados pelas mentiras do mundo e aprendemos a falar a verdade em amor. Paulo nos orienta a passarmos pela ira sem pecar. Ter domínio próprio é exatamente isso: podemos sentir raiva, frustração ou irritação, mas não devemos agir impulsivamente. A Bíblia está repleta de instruções sobre o domínio próprio: desde controlar a língua até perdoar, amar o próximo como a nós mesmos e vigiar nossos pensamentos e atitudes.

Poderíamos citar inúmeros outros exemplos, mas a verdade é que o domínio próprio é indispensável para quem deseja representar Cristo. Jesus, mesmo quando se indignou no templo, não pecou. Quando foi tentado, não cedeu. Ele foi obediente até o fim, cumprindo o propósito para o qual foi enviado.

Ter domínio próprio é não ceder às tentações, não ser levado pelas circunstâncias como palha ao vento. É manter os olhos fixos em Cristo e, dia após dia, buscar nos parecermos mais com Ele.

- LEIA: Efésios 4; Gálatas 5

- REFLITA: Como você tem vivido seus dias? Sabe lidar com sabedoria diante das adversidades ou tem se irado? Tem seguido a Cristo, resistindo às tentações?

- VIVENCIE: Pense em uma circunstância atual da sua vida que gera raiva em seu coração; que decisão você pode tomar hoje para domar seu sentimento e agir de forma que honre a Deus nesse contexto?

Senhor, reconheço que preciso ser transformada. Entrego a ti minha vida, colocando tudo diante do Teu altar. Ajuda-me a desenvolver o domínio próprio, a sabedoria, a mansidão e a paciência. Ensina-me a perdoar e que, a cada dia, eu esteja mais próxima de ti. Que a Tua vontade se cumpra plenamente em minha vida. Em nome de Jesus, amém.

MIRIAM CRISTIANE BENDER STREIT @miriam.streit

Mora em Pinhais, é esposa do Fábio, mãe da Helena e Guilherme. Formada em Pedagogia com especialização em Ensino Superior e EAD. É empreendedora e serve no ministério de pequenos grupos, na Igreja Batista do Bacacheri.

"Eu sou escolhida para servir de todo coração, acolher com hospitalidade, inspirar e transformar vidas através da palavra!"

Notas

Multiplicação

Uma vez que vivemos pelo Espírito,
sigamos a direção do Espírito em todas
as áreas de nossa vida.

GÁLATAS 5:25

Cultivo e perseverança

Não se deixem enganar: ninguém pode zombar de Deus. A pessoa sempre colherá aquilo que semear. GÁLATAS 6:7

Quando eu era adolescente, minha mãe e eu plantamos uma floreira no apartamento onde morávamos. Tivemos um certo trabalho naquele dia, e fiquei satisfeita com a "missão cumprida". Alguns dias depois, vi minha mãe arrancando ervas que começavam a brotar ("Vieram na terra mesmo, ou pelo vento"), adubando, podando... E assim foi por todo o tempo que tivemos aquele pequeno canteiro. Jardinagem não é trabalho de um dia só!

Da mesma forma, a frutificação do Espírito de Deus em nós é um processo que envolve cuidado contínuo e espera. A conversão é um grande "dia de plantio", em que a terra do coração é revolvida, pedras e ervas daninhas enraizadas são removidas (às vezes, com muita dor) e um novo substrato, fértil e saudável, é colocado em nós. Como jardineiras fiéis, somos responsáveis por continuamente cuidar do canteiro que Deus nos confiou (Gálatas 6:4-5). Se dedicamos nossa mente, tempo e esforços ao Senhor, por Sua graça Ele age em nós. Se nossas leituras, entretenimento, conversas e hábitos são baseados em nossa natureza pecaminosa, certamente colheremos a lista terrível de Gálatas 5:19-21.

As palavras de Paulo nos chamam com muita firmeza a esse compromisso: "Não se deixem enganar: ninguém pode zombar de Deus. A pessoa sempre colherá aquilo que semear" (v.7). Ele então nos explica claramente a consequência, nessa vida e na eternidade, dessa dedicação: "Quem vive apenas para satisfazer sua natureza humana colherá dessa natureza ruína e morte. Mas quem vive para agradar o Espírito colherá do Espírito a vida eterna" (v.8).

Zelar pela saúde espiritual é uma maneira de honrar o Senhor por Seu sacrifício em nosso lugar. Nosso jardim já foi refeito, mas não podemos dar lugar às ervas daninhas que nossa natureza pecaminosa, o mundo e Satanás continuamente tentam lançar sobre nós. Quando encontrar uma delas brotando em suas emoções, palavras ou atitudes, confesse-a ao Senhor e retire-a imediatamente, antes que se torne uma "raiz venenosa de amargura que cause perturbação, contaminando muitos" (Hebreus 12:15).

- LEIA: Gálatas 6:1-10; Filipenses 3:12-14

- REFLITA: Olhando para sua agenda e os conteúdos que você consumiu no último mês, você identifica cultivo dos valores do Reino ou do mundo?

Ouça Peregrino, de Lari Macário

Quando você conheceu Jesus, teve algo que mudou rapidamente em sua vida? Consegue identificar algo que ainda está em transformação?

- VIVENCIE: Liste três ações práticas para investir mais em "agradar o Espírito" (Gálatas 6:8) e reduzir o cultivo da natureza carnal nessa semana.

Querido Deus, tem misericórdia de mim pelas vezes em que cedi às tentações ou não abandonei pecados, cultivando esses males em minha vida. Ajuda-me a ter disciplina e dedicação a conhecer-te e ser transformada por ti. Por favor, retira todo mal enraizado e faz-me produzir frutos que te agradem.

MARÍLIA PESSANHA LARA

Mora em Curitiba, é esposa do Rodrigo e mãe do Heitor. É mestre em Letras e atua na equipe editorial de Ministérios Pão Diário. Serve no ministério de Compaixão e Justiça, na área de surdos, na Igreja Batista do Bacacheri.

"Eu sou escolhida para servir às pessoas e levar a Palavra a elas."

Frutificando em comunidade

Ajudem a os fardos uns dos outros e obedeçam, desse modo, à lei de Cristo. GÁLATAS 6:2

O fruto do Espírito nunca foi um fim em si mesmo. Paulo deixa claro, ao concluir sua carta aos Gálatas, que a vida cheia do Espírito se manifesta nos nossos relacionamentos, que, se restaurados, serão saudáveis, de apoio mútuo e responsabilidade espiritual. É como um fruto, só sabemos se ele está bom em contato com nosso paladar. Da mesma forma, os frutos do Espírito Santo só são experimentados nas relações interpessoais. É ali que o fruto do Espírito se revela.

Frutificar, portanto, não é apenas gerar virtudes internas, mas também compartilhá-las no contexto da vida social, em uma comunidade.

Até aqui você leu e estudou sobre virtudes pessoais que precisa desenvolver em sua vida como cristã, virtudes intrapessoais.

A partir de agora, o foco se torna externar essas virtudes nos relacionamentos. Frutificar sozinha pode parecer mais fácil, mas não é duradouro. O terreno fértil é o Corpo de Cristo. É nele que nossos dons se multiplicam, nossas feridas são tratadas e nossos fardos ficam mais leves. Mulheres que caminham juntas na luz não competem, cooperam. Não se comparam, encorajam. Não isolam, restauram.

A Palavra nos ensina: "Irmãos, se alguém for vencido por algum pecado, vocês que são guiados pelo Espírito devem, com mansidão, ajudá-lo a voltar ao caminho certo. E cada um cuide para não ser tentado. Ajudem a levar os fardos uns dos outros e obedeçam, desse modo, à lei de Cristo" (Gálatas 6:1-2). Neste convite à ação, o primeiro princípio é um chamado a ajudar aqueles que tropeçam. O cristão frutífero não ignora o pecado, ele enxerga para corrigir. Paulo não sugere que ignoremos o erro ou que condenemos a pessoa, mas que a ajudemos com mansidão para que retorne ao caminho da santificação. Essa ajuda deve ser ofertada com humildade e consciência de sua própria fragilidade. Paulo orienta a como fazer isso: com espírito de brandura, com a aproximação amorosa, com

Ouça Tu és Deus, de Paulo César Baruk, Lucas e Evelyn Cortazio

Quando foi a última vez que você ajudou alguém que estava fraco na fé? Como você abordou essa situação?

mansidão, temperança e amor em ato e não apenas em palavras.

O segundo princípio nos convida a carregar os fardos umas das outras. Quando praticamos a bondade e a benignidade, não apenas nos preocupamos com nossos próprios problemas, mas nos disponibilizamos a compartilhar as lutas alheias. Isso não significa resolver todos os problemas de todos, mas estar presente, ouvir, orar e oferecer apoio prático quando possível, ser bondosa, benigna. Em vez de julgamento, Paulo propõe carga compartilhada. A imagem é clara: somos árvores frutíferas que alimentam umas às outras com o que o Espírito gera em nós — amor, paciência, bondade, domínio próprio. Quando uma irmã se desvia, não a abandonamos nem a julgamos, mas a amparamos com ternura, carregamos suas cargas.

O terceiro princípio nos lembra da humildade: "se vocês se consideram importantes demais para ajudar os outros, estão apenas enganando a si mesmos" (v.3). A paz e o domínio próprio nos ajudam a manter essa perspectiva equilibrada, reconhecendo que todas dependemos igualmente da graça divina.

O início do capítulo seis de Gálatas é um chamado à restauração, que nos convida à autoavaliação: que cada um examine a própria conduta. Esse olhar honesto e constante evita tanto o orgulho quanto a omissão. É tempo de olhar ao redor e perceber quem está precisando da sua paciência, da sua bondade, da benignidade, da fé, da temperança, da mansidão, do seu domínio próprio. Os frutos que o Espírito gera em você não são para você apenas, são também alimento para o outro.

Cristo é nosso modelo perfeito. Ele não buscou ser o centro das atenções, mas serviu com humildade. Teve compaixão dos fracos, carregou nossos fardos e nunca se colocou em posição de superioridade, embora fosse Deus.

Quando os frutos do Espírito florescem em nossa vida, naturalmente desejamos multiplicá-los na comunidade. O amor nos leva a restaurar com gentileza. A alegria se manifesta quando celebramos a recuperação de uma irmã. A paz nos ajuda a enfrentar conflitos com serenidade. A paciência nos sustenta no processo de restauração, que raramente é instantâneo. A bondade e a amabilidade se revelam em atos práticos de auxílio. A fidelidade nos mantém presentes mesmo nas circunstâncias difíceis. A mansidão elimina qualquer senso de superioridade. E o domínio próprio nos impede de reagir com irritação quando o processo é desafiador.

Faz sentido para você? Se sim, espero que a compreensão de que os frutos são para deleite do corpo todo de Cristo invada sua cosmovisão nesse momento e você seja motivada e encorajada a frutificar em sua comunidade.

- LEIA: Romanos 12:9-18

- REFLITA: Em que área da sua vida você tem tentado frutificar sozinha, sem apoio da comunidade de fé?

- VIVENCIE: Quais passos você pode dar nesta semana para repartir os frutos do Espírito com outras mulheres ao seu redor?

Deus, obrigada por lembrares de que não fui chamada para frutificar sozinha. Ensina-me a repartir os frutos do Teu Espírito com humildade e amor. Dá-me sensibilidade para perceber as dores do outro e coragem para agir com compaixão. Que minha vida, em comunidade, seja um reflexo da Tua graça. Em nome de Jesus, amém.

CASSIANA MODOLO TARDIVO @cassi.tardivo

Mora em São Paulo, casada com Jonatas e mãe do Theo e da Helo. Pedagoga, psicóloga, especialista em Psicopedagogia, Terapia Cognitivo Comportamental e Dependência Tecnológica. É educadora cristã e fundadora da JC Tardivo Editora e Distribuidora e da Comunidade Mulheres Blindadas. Com mais de 30 anos de experiência dedicados ao desenvolvimento pessoal, espiritual e emocional de adultos, crianças e adolescentes, é membro da Igreja Batista do Povo.

"Eu sou escolhida para tornar mulheres e famílias emocionalmente e espiritualmente saudáveis!"

Celebrando as colheitas

Os que semeiam com lágrimas
colherão com gritos de alegria. SALMO 126:5

Nascemos, vivemos e, um dia, deixaremos este corpo. Mas essa existência terrena não é tudo. Fomos criadas para mais — para a eternidade. No plano original de Deus, a humanidade foi feita para viver em comunhão plena com o Criador, para sempre.

O pecado, porém, interrompeu esse propósito. Separou a humanidade de Deus. Mas a graça entrou em ação. Jesus veio com o plano perfeito de redenção. Pela cruz, Ele restaurou o caminho de volta à vida eterna.

"Porque Deus amou tanto o mundo que deu Seu Filho único, para que todo o que nele crer não pereça, mas tenha a vida eterna" (João 3:16).

Ao crermos em Cristo, nascemos de novo, agora no espírito. E é a partir desse novo nascimento que começamos a viver de forma diferente: conduzidos, transformados e habitados pelo Espírito Santo. É Ele quem produz em nós o fruto do Espírito.

Esse fruto precisa ser cultivado. Como numa plantação, há tempos de poda, de espera, de perseverança. Às vezes, semeamos com lágrimas — orações que ninguém viu, renúncias que custaram caro, gestos de amor em meio à dor. Mas a promessa é certa: colheitas virão.

E como são preciosas essas colheitas!

Colheitas de transformação interior, de cura, de reconciliação, de propósito. Colheitas que acontecem aqui e que ecoam na eternidade. Cada passo de obediência, cada semente de fé, cada atitude gerada no Espírito — tudo isso será, no tempo certo, uma linda colheita diante de Deus. Celebre as colheitas!

Celebre o fruto da multiplicação que o Espírito está gerando em você. Celebre a graça que a sustenta, o crescimento que vem mesmo em dias difíceis. Celebre o que já floresceu e, também, aquilo que ainda está brotando. A festa das colheitas é um testemunho de que Deus é fiel, de que a vida com Ele vale a pena, e de que a eternidade nos espera com braços abertos.

Que sua vida seja um campo fértil, onde o fruto do Espírito se manifeste com beleza, poder e abundância. Que o caráter de Cristo em você se multiplique em todos os aspectos. E que, ao olhar para tudo que Ele já fez, você diga com alegria: "Sim, o SENHOR fez coisas grandiosas por nós; que alegria!" (Salmo 126:3).

Ouça Me atraiu, de Gabriela Rocha

Você já viveu uma situação em que precisou continuar semeando mesmo com lágrimas nos olhos? Quem é alguém na sua vida que te inspira a permanecer firme, mesmo em tempos difíceis?

- LEIA: João 15:1-8
- REFLITA: O que o Senhor já fez brotar na sua vida que você pode hoje reconhecer como uma colheita?
- VIVENCIE: Quais passos você pode dar nesta semana para cultivar o fruto do Espírito com mais intenção?

Senhor, obrigada por Tu seres o Deus das sementes e das colheitas. Ajuda-nos a permanecermos firmes na fé, mesmo nos tempos difíceis. Que o Teu Espírito produza em nós um fruto que te glorifique hoje e por toda a eternidade. Em nome de Jesus, amém.

TÂNIA CRISTINA DE CASTRO RIBEIRO @taniadecastroribeiro

Mora em Curitiba, é esposa do Joel e mãe do Bruno e da Gabriela. Graduada em Teologia, com especializações em Liderança e Administração Cristã, Psicoteologia e Bioética, Gestão de Projetos Sociais, e MBA em Gestão do Terceiro Setor. É diretora da Central Integrada de Apoio Familiar e pastora titular da 47ª IEQ. Atua na formação de mulheres e no fortalecimento de políticas públicas com princípios cristãos.

"Eu sou escolhida para servir com propósito, edificar vidas e influenciar esta geração com coragem, compaixão e fé!"

Oração

Amado Deus, obrigada pelo Teu grande amor por nós, ao ponto de entregar Teu único Filho para morrer por nossos pecados e nos dar a oportunidade da salvação eterna. Obrigada Jesus por teres nos escolhido, apesar de nossa incredulidade, desobediência e limitações. Eu me rendo ti e te reconheço, mais uma vez, como meu único e suficiente Salvador e Senhor da minha vida. Por favor, molda-me para ser a mulher que o Senhor me criou para ser, e para viver todas as Tuas promessas para minha vida e influenciar as pessoas ao meu redor.

Pai querido, que Teu amor libertador alcance o coração de cada mulher que fez esta jornada e que o Espírito Santo se revele a elas, e que elas se posicionem para também viver os Teus sonhos. Senhor, sonda o coração das minhas irmãs, liberta-as dos pensamentos que não vêm de ti, lembrando-as das Tuas promessas. Que elas possam tomar assumir sua real identidade em ti, como filhas amadas do Senhor, co-herdeiras com Cristo, vivendo na plenitude da Tua graça.

Que o Espírito Santo, que habita em nosso coração, possa testificar em nossa vida por meio das dádivas do Seu fruto. Que possamos transbordar onde o Senhor nos colocar. Profetizamos na vida das nossas irmãs um novo tempo, uma nova unção, uma vida plena e significante. Que elas se sintam fortalecidas para seguir em frente, na certeza de que, não importa o que tenham vivido, ou o que tenham ouvido, o Senhor sempre teve um plano especial para elas e as escolheu desde o ventre de suas mães para viver o propósito eterno.

Declaramos: eis-nos aqui. Completa a Tua obra em nós e usa a nossa vida como canal de bênçãos para todos que o Senhor nos confiar. Queremos ser sensíveis para ouvir a Tua voz e que nossa obediência seja imediata, completa e por amor, pois queremos desfrutar das Suas promessas e testemunhar tudo que o Senhor preparou para nós. Que nosso lar seja um lugar de bençãos e que nossa família seja uma referência. Que tudo que fizermos agrade a ti e testifique o Teu amor, a Tua graça e as Tuas misericórdias. Assim oramos, em nome de Jesus, amém!

Notas

Notas

As autoras

Albilene Garcia

Alvilene Tobias

Amanda Paiva

Amanda Sandoval

Andrea Folly

Andrêa Santos

Angélica Oliveira

Audrey Ribeiro

Bruna Fogaça

Carol Antonio

Carolina Busato

Cassi Tardivo

Clarice Ebert

Cristina Goes

Daniella Kirsten

Elisangela Ferro

Érika Checan

Fabiana Hilleshaim

Fernanda Proença

Gleyds Domingues

As autoras

Graziela Boss

Ieda Silva

Indianara Kurtes

Joanna Leandro

Juliana Leão

Laura Aragão

Lilian Lenz

Lucimar Oliveira

Maria Isabel

Mariana Neris

Marília Lara

Marli Monteiro

Marlici Santos

Meg Salgado

Mércia Machado

Miriam Streit

Nancy Espindola

Paula Côrtes

Paula Hoffmann

Priscila Ferreira

As autoras

Priscila Heringer

Raquel Gomes

Raquel Romagnoli

Renata Arantes

Rogéria Rosa

Roseli Getão

Sandra Justus

Sônia Cardoso

Tânia de Castro

Vanessa Campos

Vivienne Vilani

Zuleica de Sales

Rejane Barragán
Organizadora

Trina Lozano
Prefaciadora